Just-Oliver Atsam Ella

Recueil de Proclamations Prophétiques et d'Adoration(RPPA) Vol.I

Just-Oliver Atsam Ella

Recueil de Proclamations Prophétiques et d'Adoration(RPPA) Vol.I

Proclamations de visionnaire

Éditions Croix du Salut

Impressum / Mentions légales
Bibliografische Information der Deutschen Nationalbibliothek: Die Deutsche Nationalbibliothek verzeichnet diese Publikation in der Deutschen Nationalbibliografie; detaillierte bibliografische Daten sind im Internet über http://dnb.d-nb.de abrufbar.
Alle in diesem Buch genannten Marken und Produktnamen unterliegen warenzeichen-, marken- oder patentrechtlichem Schutz bzw. sind Warenzeichen oder eingetragene Warenzeichen der jeweiligen Inhaber. Die Wiedergabe von Marken, Produktnamen, Gebrauchsnamen, Handelsnamen, Warenbezeichnungen u.s.w. in diesem Werk berechtigt auch ohne besondere Kennzeichnung nicht zu der Annahme, dass solche Namen im Sinne der Warenzeichen- und Markenschutzgesetzgebung als frei zu betrachten wären und daher von jedermann benutzt werden dürften.

Information bibliographique publiée par la Deutsche Nationalbibliothek: La Deutsche Nationalbibliothek inscrit cette publication à la Deutsche Nationalbibliografie; des données bibliographiques détaillées sont disponibles sur internet à l'adresse http://dnb.d-nb.de.
Toutes marques et noms de produits mentionnés dans ce livre demeurent sous la protection des marques, des marques déposées et des brevets, et sont des marques ou des marques déposées de leurs détenteurs respectifs. L'utilisation des marques, noms de produits, noms communs, noms commerciaux, descriptions de produits, etc, même sans qu'ils soient mentionnés de façon particulière dans ce livre ne signifie en aucune façon que ces noms peuvent être utilisés sans restriction à l'égard de la législation pour la protection des marques et des marques déposées et pourraient donc être utilisés par quiconque.

Coverbild / Photo de couverture: www.ingimage.com

Verlag / Editeur:
Éditions Croix du Salut
ist ein Imprint der / est une marque déposée de
OmniScriptum GmbH & Co. KG
Heinrich-Böcking-Str. 6-8, 66121 Saarbrücken, Deutschland / Allemagne
Email: info@editions-croix.com

Herstellung: siehe letzte Seite /
Impression: voir la dernière page
ISBN: 978-3-8416-9924-4

Copyright / Droit d'auteur © 2014 OmniScriptum GmbH & Co. KG
Alle Rechte vorbehalten. / Tous droits réservés. Saarbrücken 2014

Recueil de Proclamations Prophétiques et d'Adoration(RPPA)

Table des matières

A propos du recueil... 3

Bon à savoir.. 5

A propos de l'auteur... 7

Je suis le Ciel de Dieu... 8

Je suis le plus grand miracle du monde......................... 11

Tout s'exclame gloire.. 13

Je suis une mine d'or à l'Eternel................................... 16

Je suis l'Eden de Dieu... 18

Je suis en bonne santé.. 21

Je suis la chose du Saint-Esprit.................................... 23

Je suis la crème de Dieu.. 26

Ce jour m'appartient... 28

Dieu rêve à travers moi... 31

Je sais que ça va aller... 33

Je suis le pari de Dieu... 36

Je suis le champ d'amour de Dieu................................. 39

Je pardonne... 42

J'ai le conjoint qui me correspond................................. 45

Je sème la paix.. 48

Attirer qui je veux... 51

J'accepte l'argent.. 53

Je suis une personne d'impact...................................... 56

Seigneur, touche-moi 3 fois... 59

Je suis heureux en Dieu pour mon handicap……………………..……	61
J'ai une bonne image de moi………………………………………..	64
Je les taille en pièces………………………………………………….	67
J'ai une langue exercée………………………………………………	71
Exhortation………………...………………………………………	73

Recueil de Proclamations Prophétiques et d'Adoration(RPPA)

A propos du recueil

As-tu envie que ça change ? As-tu besoin de dépasser tes limites et d'aller au-delà de toute imagination ? As-tu envie de faire exister ce qui n'existe pas encore ? As-tu envie d'arriver à un endroit où on ne t'attendait pas ? As-tu envie de réaliser ce que tout le monde croit impossible ? As-tu envie qu'on t'acclame là où on te méprisait ? As-tu envie de savoir pourquoi tu es ici et pourquoi Dieu t'a créé ? As-tu envie de t'asseoir à la table des rois et devenir une voix qui compte et qui porte ? C'est désormais possible ! En effet, c'est à cause de tous ces besoins qui accrochent ton cœur que ce recueil se retrouve entre tes mains en ce moment que tu le parcours. C'est à cause de la vision qui en ivre ton âme et qui te fait pleurer souvent lorsque les rideaux sont baissés qui explique pour quoi tu tiens ce « cadeau » entre tes mains. C'est un présent que Dieu t'offre à titre personnel pour que tu entres dans son secret et vive la vie que tu dois vivre à la gloire de son nom. C'est donc uniquement pour toi que Dieu a inspiré à la rédaction de ce livre afin que tu trouves dans ce programme, la voie que tu as longtemps cherchée pour ta réalisation. Ainsi, en faisant bon usage de cet outil, par le respect des orientations qui t'y sont indiquées, il est évident que tu aboutiras à des résultats allant au-delà de toutes tes espérances parce que ce que retranscrivent ces lignes requière de la discipline et de la méthode. Par ce recueil, tu vas apprendre à t'aimer, et à te parler à toi-même avec respect et dignité. Tu vas apprendre à accorder aux autres le regard que tu t'accordes à toi-même. Car tu ne peux donner aux gens que ce que tu te donnes déjà à toi-même. C'est une loi immuable. Tu vas aussi apprendre à faire totalement confiance à Dieu, à l'aimer et à réaliser que tu es le Ciel de son Royaume. Tu vas découvrir au cours de ce programme que Dieu est aussi proche de toi que tu ne l'es de toi-même et qu'il est plus engagé que toi dans ta réussite que tu ne l'es toi-même. Par ce programme, tu vas apprendre à créer le miracle parce que tu sauras dès lors que le miracle ne vient pas à un homme ou à une femme par hasard, mais qu'il est le fruit de l'application des lois et principes universels que Dieu a lui-même établi avant le fondement de toute chose. C'est pourquoi la Bible dit que le soleil de Dieu brille sur les bons comme sur les méchants (Matthieu 5/45). Car quiconque touche aux lois et principes, quelqu'en soit sa nature, crée le miracle. Mais la plus part des gens sont religieux et n'ont pas la connaissance des lois parce qu'ils ne sont pas spirituels. Les lois et les principes de l'univers sont le domaine de l'Esprit et de la Vérité et non pas de la religiosité de qui nous souhaitons, d'ailleurs, te prévenir. Car la religion est un danger pour qui souhaite rencontrer Dieu et créer la différence dans sa vie. La religion est une prison, elle limite, dogmatise et robotise le peuple. Il est à signaler tout de même que la religion et l'Eglise ne sont pas une même chose. L'Eglise est une autre vérité et réalité que nous aurons la joie de t'expliquer dans un prochain volume de ce programme que nous débutons.

Pour l'heure, tu dois prendre conscience que Dieu a préparé les provisions dont il savait que tu en auras besoin pendant ton séjour sur terre. Ces provisions, il les a mis en toi (tes facultés, tes dons, tes talents...), et autour de toi (ton corps, les gens qui t'entourent, les opportunités qui se présentent à toi...). Cependant, ta responsabilité est de les réveiller et de les manifester, d'une part (Matthieu 25/19-30). Ta responsabilité est aussi de les revendiquer, de les attirer et de les reprendre aux mains des esprits du second ciel, d'autre part (Daniel 10/12-13). Change la donne par ta proclamation quotidienne. Car c'est ce que tu confesses régulièrement que tu attires et que tu deviens toi-même, parce qu'une proclamation régulière est une accumulation d'énergie qui façonne le devenir d'une personne. Car, plus une énergie cumule, plus elle passe en mode manifestation parce que ne pouvant plus que vibrer, ni se contenir dans l'invisible, elle prend forme. C'est pourquoi Dieu, par la bouche de Paul, disait aux thessaloniciens de prier sans cesse (1 Thessaloniciens 5/17), parce que la prière contient une puissance vibratoire, laquelle vibration amène les choses à la manifestation physique, par le fait qu'une prière amplifiée met en mouvement les forces énergétiques cosmiques, pour rendre visible ce que tu déclares. Ainsi, par l'importance de son amplification, ta prière crée, rapidement ou lentement, des situations et attire à toi ce que tu désires recevoir ou vivre. Elle peut aussi accomplir l'acte contraire, c'est-à-dire attirer le mal. Tous est à ce niveau, dépendant de ce que tu déclares de ta bouche et de la nature exacte de tes pensées profondes. Car ta vie est liée à ce que tu penses et à ce qui sort de ta bouche parce que tu es l'expression physique des pensées que tu penses et des paroles que tu prononces régulièrement. Ainsi, pour avoir proclamé sa victoire sur Goliath, David vécu cette proclamation dans sa chair. (1 Samuel 17/46-50). Ta vie est essentiellement liée aux paroles que tu prononces allant à ton endroit parce que tu es le premier prophète de ta vie. A ce titre, tu dois savoir que les paroles les plus puissantes que tu entends, qui te parviennent et qui orientent le chemin que prend ton existence sont celles que tu te prononces. C'est pourquoi Dieu dit : «La mort et la vie sont au pouvoir de la langue, quiconque l'aime en mangera le fruit.» (Proverbes.18/21).

Bon à Savoir

Une étude scientifique a démontré que l'Homme a plus de Six millions de pensées par jour. Or, c'est la pensée qui crée et elle est puissante. C'est elle qui crée la parole, sans oublier que toi-même tu es le résultat d'une pensée. Tu es la pensée de Dieu incarnée dans la chair. Car image et pensée sont une même chose. (Génèse1/27). Aussi, la pensée est une prière. En effet, toutes les pensées que tu entretiens en une journée, qu'elles soient bonnes ou mauvaises, sont des prières et elles amènent à toi les résultats équivalents en tant que réponse à ta prière. A ce titre, il est vivement important que tu saches que par jour tu fais plus de six millions de prières aux travers des six millions de pensées que tu émets dans la journée. C'est cependant, la nature des pensées prédominantes en toi qui déterminent la nature des évènements que tu attires et que tu vis. Mais, pour reconnaitre la nature de tes pensées, regarde à tes émotions et à tes sentiments parce qu'ils relaient dans le ressentir, les pensées dominantes en toi. C'est pourquoi, si tu as des pensées prédominantes positives, tes émotions et tes sentiments seront joyeux, amours et réconfortants, et si tu as une prédominance de mauvaises pensées, tu auras des émotions et des sentiments amers : l'état des pensées conditionne l'état des sentiments et des émotions d'une personne. Or, c'est ton sentiment et ton émotion qui attirent à toi les évènements que tu rencontres car se sont eux les aimants qui créent l'attraction entre ta pensée et son équivalent physique. Job l'avait compris lorsqu'il s'exclamait : « Ce que je crains, c'est ce qui m'arrive ; ce que je redoute, c'est ce qui m'atteint ». (Job3/25). Ainsi, tes pensées donnent une identité à tes émotions et à tes sentiments qui, à leur tour, manifestent dans ta vie, des situations et des évènements qui créent ta destinée. Autrement dit, tel tu penses, tel tu es (Proverbes 23/7). Puisses-tu le savoir ! Quelle est donc la nature de la garde-robe des pensées les plus présentes dans ton âme?

Ce programme, **Recueil de Proclamations Prophétiques et d'Adoration (RPPA)** ambitionne, à ce sujet, revoir ton logiciel de pensée afin de te faire aboutir à une mentalité de personne reprogrammée et à un renouvellement de la vision que tu as de toi-même, des autres et de Dieu. Ce programme se fixe pour objectif de bouleverser positivement ta vie, de guérir tes blessures, de faire disparaitre les cicatrices qui te rappellent les douleurs du passé, de remettre les pendules à l'heure, de racheter le temps perdu. En un mot, ce programme cherche à te faire du bien à toi et à tous ceux avec qui tu rentreras dès à présent en contact parce que le bonheur se communique.

Cet outil est la preuve qui te parvient et qui t'atteste des sentiments amoureux qui animent le cœur de Dieu envers toi. Ce joyaux est donc ici et maintenant entre tes mains parce que Dieu brule d'un ardent désir de te bénir et de réexaminer ton statut. Nous en sommes convaincus ! Il va changer le poulet en aigle, le ridicule en miracle et l'âne que les Hommes fouettaient va être monté par le Seigneur et partager sa gloire. (Luc19/35-36). Il va te placer dans le couloir où il t'a si longtemps attendu et pour lequel il t'a manifesté dans la chair. Il va ouvrir une page nouvelle pour écrire une nouvelle histoire pour la nouvelle personne que tu deviens à partir de…maintenant.

Mais pour faciliter l'intervention de Dieu, il va falloir au préalable que *tu prennes rendez-vous avec trois personnes*. Tu dois prendre rendez-vous avec toi-même, avec ton émotion et avec Dieu lui-même ! Car *c'est la foi qui vit dans ton esprit et l'émotion qui réside dans ton âme qui créent le miracle dans la présence de Dieu*. Ainsi, que la grâce de Dieu t'accompagne et que son Esprit vivifie ton esprit et l'aide à trouver sa voie. A ce propos, le souhait que nous formulons de tout notre être est que tu réussisses et que tu fasses réussir les autres par ta réussite parce que c'est pour cette raison que le monde attend avec impatience, ta manifestation (Romains 8/19). Nous prenons alors, pour ainsi dire, rendez-vous avec toi au sommet, à la table des rois du Roi. Amen !

A propos de l'auteur

Just-Oliver ATSAM ELLA, né le 25 Août 1988 à **Libreville**, est un jeune homme de citoyenneté gabonaise. Il a fait de nombreuses expériences avec Dieu depuis son plus bas âge. Il vécut très pauvrement durant les vingt premières années de sa vie, et pendant son enfance, il vécu des abus et des traumatismes de toutes sortes à la suite du divorce de ses parents. A ce niveau, tous les feux étaient aux rouges dans sa vie et la misère avec laquelle il faisait corps semblait se personnifier en lui et ne laissait aucune lueur d'espoir apparaitre à l'horizon ni pour lui, ni pour aucun de ses quatre frères et de ses trois sœurs. Il y a quelques années encore, **Just-Oliver ATSAM ELLA** faisait hautement pitié et l'enfer s'en glorifiait. Mais bénit soit Dieu qui vit et règne depuis les cieux de nos cœurs que ce jeune homme qui sort de la maison la moins considérée de sa famille, est aujourd'hui celui à qui on parle avec révérence et qu'on traite avec dignité et respect. En effet, Dieu a essuyé la honte de son visage et l'a couronné de gloire et d'impact. Il apparait aujourd'hui comme un chef-d'œuvre que Dieu a sorti des tuyaux parce qu'il est la preuve vivante d'un zéro devenu un héros par la grâce du Dieu Tout Puissant qui est capable de prendre des lépreux et en faire des hommes saints. Effectivement, n'eut été la bonté de Dieu, **Just-Oliver ATSAM ELLA** n'en serait pas où il en est aujourd'hui. Actuellement, il est étudiant au cycle Master à l'université **François Rabelais de Tours,** au département des **sciences du langage**, option Linguistique. Et Dieu continu encore et toujours de l'utiliser pour qu'il soit au service de ceux qui veulent se retrouver avec eux-mêmes et avec la vie.

Je Suis le Ciel de Dieu!

Pour prendre conscience que Dieu est plus proche de toi que tu ne l'es et pour avoir une bonne image de toi-même.

Pour la réussite de cette proclamation, tu dois te mettre en phase avec la consigne qui va suivre:

Consigne :

- **Assois-toi correctement droit et ferme les yeux. Inspire et expire de l'air longuement et lentement trois fois de suite.** C'est pour ramener tes pensées dispersées à se concentrer au tour d'un seul objectif. **Car une mémoire ou une personne dispersée atteint difficilement son but.** La dispersion est une dépense d'énergie et la voie sûr de l'échec. (Luc 10 /41-42). Ne fais qu'une chose à la fois, ne poursuit qu'un but à la fois (1 Corinthiens 9/24). C'est le premier secret du succès et de la réussite.

- **Pense à ce que tu as et qui te fait du bien.** C'est une attitude de gratitude qui plaît à Dieu parce que ta reconnaissance le glorifie, et est honorable à son cœur (Psaume 50/23 ; Ephésiens 5/20 ; 1 Thessaloniciens 5/19). **Ta reconnaissance est une clé qui t'ouvre les portes de la grâce prochaine.** C'était le secret des victoires de David. Il était reconnaissant à Dieu pour les succès du passée et c'est pourquoi il en remportait d'autres. (1Samuel 17/33 ; 37 et 50). Ressens la joie et l'amour dans ton cœur et ne te limite pas seulement à un simple exercice mental, car c'est le ressenti qui déclenche le processus du miracle. Ressens la joie ! (1 Thessaloniciens 5/16). C'est le deuxième secret du succès et de la réussite.

- **Commence à bénir Dieu pour son amour pour toi. Ressens sa présence en toi et autour de toi** et ouvre progressivement les yeux.

- **Exécute la proclamation avec Force, Foi et Amour pendant quinze (15) minutes** en t'appropriant les mots de ladite proclamation comme s'ils étaient de toi. Mais **si tu prends plusieurs proclamations à la fois, accorde dix (10) minutes à chacune d'elles.** Ne va pas vite et ne te précipite pas. Prends ton temps et tu ressentiras la présence de Dieu. Car ces proclamations prophétiques sont des prières. Et **prier c'est faire l'amour avec Dieu.** Or, l'amour est patient et doux. Sois ainsi pendant cet exercice.

- Nous te conseillons d'**exécuter ces proclamations chaque matin très tôt avant de quitter le lit et chaque soir quand tu vas déjà au lit.** Car se sont les moments propices où l'esprit est plus disposé et ouvert. Mais c'est le mouvement de l'Esprit qui doit davantage avoir ton intérêt que cet horaire que nous te proposons à titre d'orientation.

<u>**N.B**</u> : *Cette consigne est valable pour toutes les proclamations de ce Recueil. Il faut nécessairement commencer par elle. Car c'est elle qui te met en état de réception.*

Mais, si tu prends plus d'une proclamation à la fois, la seule fois que tu exécutes la consigne suffit.

Proclamation n°1 :

Je suis Le Ciel de Dieu !

Je suis son trône de gloire !

Je suis le palais majestueux de l'Intelligence Infinie, la Source Créatrice de toute chose !

Il vit dans mon corps car celui-ci est la demeure du Saint-Esprit !

Or, le Saint-Esprit c'est Dieu lui-même !

Je ne suis donc pas n'importe qui !

Et je n'ai pas n'importe quelle valeur !

Je suis la maison de Dieu !

Je suis la chambre de Dieu !

Je suis l'intimité de Dieu !

Je lui suis donc précieux !

Car j'ai du prix à ses yeux !

Désormais, j'aurai de moi, l'image que Dieu a de moi !

Je me regarderai comme Dieu me regarde !

Je me verrai désormais avec les yeux de Dieu lui-même !

Je suis un objet de haute importance à l'Eternel !

Je suis dans le secret de Dieu et je vaux au-delà de toutes les pensées !

Je vaux l'imagination de Dieu !

Je suis la manifestation de la plus grande pensée de Dieu !

Je suis la plus grande innovation de Dieu !

Je suis son ultime manifestation !

Je suis le Ciel de Dieu !

Il vit au centre de mon cœur !

Mon cœur est le Ciel, car Dieu vit au Ciel !

Je suis le Ciel de Dieu, je suis son palais royal !

Je suis le Royaume de Dieu car Dieu règne en moi !

Je suis le trône doré du Roi de gloire, je suis sa chaise intime et personne ne prend place en moi que lui seul !

Je suis l'ânon du Christ qu'est Dieu lui-même !

J'ai de la valeur, de l'estime et du prix aux yeux de Dieu !

A ce Dieu qui vit et règne dans les cieux de mon cœur soit gloire, majesté, magnificence et seigneurie pour l'exaucement à ma proclamation ! Merci, merci, merci…

Recueil de Proclamations Prophétiques et d'Adoration(RPPA)

Je suis le plus grand miracle du monde!

Pour améliorer ton estime personnelle et savoir ton importance dans la création de Dieu.

La réussite de cette proclamation passe par l'observation de la consigne indiquée à la proclamation n°1.

Proclamation n°2

Je suis le plus grand miracle du monde !

Je suis le miracle des miracles et le miracle du miracle !

Je suis le trophée de Dieu !

Je suis le vase d'honneur de sa table !

Je suis la plus grande inspiration de Dieu !

Je suis la victoire de Dieu !

Je suis le plus grand exploit du ciel manifesté dans la chair du monde !

Je suis la raison de la nature de Dieu !

Dieu est amour et je suis la raison de cet amour !

Je suis la plus grande satisfaction de Dieu !

Dieu déborde de joie quand je passe dans son Esprit !

Je suis la gloire des gloires et la gloire de la Gloire !

Je suis la raison du dessein de Dieu pour plusieurs nations !

Je suis la justice de son plan parfait !

Je suis la cartouche la plus importante et précieuse de l'arme de Dieu !

Je suis la cartouche de toutes les espérances, celle qui doit atteindre l'objectif de Dieu !

Je suis le plus grand espoir de Dieu !

Je suis bénéficiaire de la plus grande imagination de l'Intelligence Infinie !

Je suis la créature créée à partir des matériaux tirés de Dieu lui-même !

Je suis dieu sorti de Dieu !

Je suis l'esprit sorti de l'Esprit et le miracle sorti du Miracle !

Je suis la satisfaction de la pennée de Dieu !

Je suis l'aboutissement de l'œuvre de Dieu !

Je suis l'objet de son sourire et de la paix de son âme !

Je suis le précieux vin venu à la fin des noces !

Je suis le plus grand miracle du monde !

Au Dieu du miracle que je suis et qui vit et règne dans les cieux de mon cœur, soit gloire, majesté, magnificence, acclamation et seigneurie pour l'exaucement de ma proclamation ! Merci, merci, merci...

Recueil de Proclamations Prophétiques et d'Adoration(RPPA)

Tout s'exclame gloire!

Pour donner vie à tout ton être dans les trois cieux qui te constituent.

Cette proclamation est la bienvenue pour créer la bonne santé dans ton corps, dans ton âme et dans ton esprit.

Son succès passe par l'observation de la consigne indiquée à la proclamation n°1.

Proclamation n°3

Je suis le palais du Roi de Gloire !

C'est pourquoi tout en moi s'exclame gloire !

Mon corps s'exclame gloire !

Ma peau s'exclame gloire !

Mes orteils s'exclament gloire !

Mes ongles s'exclament gloire !

Mes cheveux s'exclament gloire !

Mes parties intimes s'exclament gloire !

Ma chair s'exclame gloire !

Mes vaisseaux sanguins s'exclament gloire !

Mes atomes s'exclament gloire !

Mon sang s'exclame gloire !

La circulation du sang dans mes vaines s'exclame gloire !

Mon estomac s'exclame gloire !

Les battements de mon cœur s'exclament gloire !

Mon regard s'exclame gloire !

Ma respiration s'exclame gloire !

Ma bouche s'exclame gloire !

Mon sourire s'exclame gloire !

Le son de ma voix s'exclame gloire !

Ma démarche s'exclame gloire !

Mes poumons s'exclament gloire !

Mon âme s'exclame gloire !

Mes sentiments et mes émotions s'exclament gloire !

Mes pensées et mes envies s'exclament gloire !

Mon esprit s'exclame gloire !

Ma foi s'exclame gloire !

L'amour en moi s'exclame gloire !

Ma vision s'exclame gloire !

Mon adoration s'exclame gloire !

Mon sommeil s'exclame gloire !

Mes rêves s'exclament gloire !

Mon réveil s'exclame gloire !

Mes journées s'exclament gloire !

Toute ma vie s'exclame gloire !

Car je suis le champ de gloire de l'Eternel !

Tout en moi est étincelant de gloire !

Je suis la cité de gloire de Dieu !

Tout ce qui m'arrive n'est que gloire !

Je n'attire que la gloire et je ne connais que la gloire !

Car je suis le centre magnétique de la gloire de Dieu !

<u>Recueil de Proclamations Prophétiques et d'Adoration(RPPA)</u>

Et les matériaux utilisés pour ma conception furent la gloire !

Tout en moi s'exclame gloire !

A ce Dieu dont je suis la gloire et qui vit et règne dans les cieux de mon cœur soit gloire, majesté, magnificence et seigneurie pour l'exaucement de ma proclamation ! Merci, merci, merci…

Je suis une mine d'or à l'Eternel!

Cette proclamation participe à te faire prendre conscience de l'importance que tu as aux yeux de Dieu. Il t'amène à une amélioration de l'image que tu as de toi-même.

La consigne qui conduit cette proclamation se trouve indiquée juste au déçu de la proclamation n°1. Nous te prions de la consulter avant de continuer.

Proclamation n°4

Je suis une mine d'or à l'Eternel !

Je suis le lieu où le cœur de Dieu a du mal à se dérober !

La pensée de Dieu est totalement tournée vers moi !

Et le cœur de Dieu passe tout son temps chez moi !

Je suis la mine d'or de l'Eternel !

Je suis la chambre des trésors de Dieu !

C'est pourquoi il veille sur moi !

Il ne dort ni ne sommeille à mon propos parce que je suis sa richesse infinie !

Il ne peut permettre à un ravisseur de me dérober car je vaux toute la richesse de son cœur !

Dieu prête attention à moi plusqu'à tout autre chose !

Je vaux tout ce que son cœur aime !

Et je suis la banque de tous ses capitaux !

Je suis le lieu de ses investissements les plus chers !

Je suis le palais doré et rempli d'éclat de l'Eternel !

C'est pourquoi il garde un regard particulier sur moi !

Mon corps, mon âme et mon esprit sont tous des investissements ornés de Dieu, ils sont les coffres forts de ses richesses !

Recueil de Proclamations Prophétiques et d'Adoration(RPPA)

Ma force est une mine d'or à l'Eternel !

Mes pensées, mes émotions et mes sentiments sont une mine d'or à l'Eternel.

Ma vision, ma foi et mon amour sont une mine d'or à l'Eternel.

A ce Dieu dont je suis une mine d'or et qui vit et règne dans les cieux de mon cœur soit gloire, majesté, magnificence et seigneurie pour l'exaucement de ma proclamation ! Merci, merci, merci…

Je suis l'Eden de Dieu!

Pour prendre conscience que tu es le champ de Dieu et que le paradis est en toi et que c'est à toi de le manifester à l'extérieur.

Cette proclamation t'amène à ressentir Dieu à tes côtés. Elle te fait réaliser à combien de fois Dieu est proche et manifeste en toi, et que tous ce qu'il veut, c'est que tu parles afin qu'il agisse pour toi (Esaïe 43/26).

Le plein succès de cette proclamation passe par le respect de la consigne qui t'a été indiquée dans la proclamation n°1.

Proclamation n°5

Je suis l'Eden de Dieu !

Je suis le lieu de l'épanouissement de Dieu !

Je suis le paradis de son Esprit !

Je sens Dieu couler en moi !

Je sens Dieu en nettoyage des fontaines qu'il a enfui en moi !

Je sens Dieu sauter du haut d'une cascade en moi !

Je sens Dieu ruisseler en moi comme des sources d'eaux fraiche !

Tout ce que Dieu a planté en moi est plein de vie !

Car là où il y a Dieu, il y a vie parce qu'il arrose tout ce qui est en moi par sa présence en moi !

Tout en moi est merveilleux !

Tout en moi vit et Dieu en est réjoui !

Je suis l'Eden de Dieu !

Je suis le lieu de repos de son Esprit !

Je suis l'endroit où Dieu descend et monte !

Recueil de Proclamations Prophétiques et d'Adoration (RPPA)

Je suis le lieu où l'humanité et la divinité se rencontrent !

Je suis le lieu où le divin devient humain et où l'humain de vient divin !

Je suis le carrefour où le divin et l'humain font l'amour !

Je suis la terre laitière et mielleuse de Dieu !

Je suis l'endroit où l'agneau et le lion reposent en toute quiétude l'un auprès de l'autre !

Je suis la parfaite de Dieu, son jardin de délices !

Je suis le centre de recueillement de Dieu !

Je suis la fontaine scellé de Dieu et sa chasse gardée !

Les chérubins sont aux portes du jardin que je suis et protège l'accès à moi aux intrus !

Car personne d'autre n'a accès à la terre sacré que je suis !

Car je suis la terre de Dieu !

Et je n'appartiens qu'à lui seul !

C'est pourquoi Dieu chasse du milieu de moi le premier Adam et la première Eve !

Je suis une terre parfaite et l'erreur n'a pas de place en mon sein !

Je suis une terre de grâce et de bénédiction de Dieu !

Je suis l'Eden de Dieu, le jardin dont il est lui-même l'architecte !

Je suis la montagne de sa résidence parfaite !

Je suis le jardin dont Dieu est le jardinier !

Je suis la terre que la main de Dieu travaille, la plantation que sa droite entretient !

Je suis le scion que la pioche de sa parole laboure

Je suis l'Eden de Dieu !

La vie Zoé de l'Intelligence Absolue coule à flot dans les fleuves de mon être et tout s'exclame vie !

Les fleuves qui jaillissent en moi nettoient les trésors en moi qui étaient recouvertes de saleté et de boue !

Tout brille en moi et est étincelant comme la lumière du soleil !

En moi, il n'y a point de nuit, c'est le jour qui règne dans les parvis qui me constituent !

Je suis la terre de la manifestation et de la présence de Dieu !

Je suis l'Eden de Dieu !

Au Dieu de l'Eden que je suis et qui vit et règne dans les cieux de mon cœur soit gloire, majesté, magnificence et seigneurie pour l'exaucement de ma proclamation ! Merci, merci, merci…

Recueil de Proclamations Prophétiques et d'Adoration(RPPA)

Je suis en bonne santé!

Cette proclamation est pour susciter de la bonne santé dans ton corps et dans toutes les dimensions de ton être.

Grâce à cette proclamation, tu amélioreras ta santé parce que par elle, tu vas libérer des paroles qui aideront ton corps, ton âme et ton esprit à se garder en bonne santé. Car un corps malade est un corps mal aidé parce que maladie=mal-adie qui veut dit « mal aidé ».

Le succès de cette proclamation ne saurait passer outre la consigne indiquée à la proclamation n°1.

Proclamation n°6

Je suis heureux et reconnaissant à Dieu pour ma santé !

Je suis parfaitement en bonne santé !

Je me sens bien dans ma chair, dans mon âme et dans mon esprit !

Je suis un champ de parfaite santé !

Je suis un danger pour la maladie qu'elle ne vient pas à moi !

Car mon corps tue la maladie et s'abandonne à la bonne santé !

Je suis reconnaissant au Dieu de ma santé parfaite, El-Rapha, qui vit en moi !

Car El-Rapha circule dans tout mon être et y dépose la santé parfaite !

Il ne peut laisser sa demeure à plus de 37°c car c'est dans cette température qu'il se plait en moi !

Au sein de mon être, l'Intelligence Infinie qui ne me veut que tu biens, neutralise et élimine tout virus et parasite quel qu'il soit, dans mon corps.

J'ai de bonne pensée car je sais que les mauvaises pensées créent des mauvaises émotions, et les mauvaises émotions favorisent la sécrétion des substances amères et acides dans le sang qui, à son tour, fait place à la maladie !

J'ai des pensées d'amour et remplies de joie !

Et l'Esprit de feu qui est en moi brule tout esprit malsain voulant dérober ma santé !

Mon corps est une salle d'honneur de bonne santé

Dieu parcourt mon corps et allume tous les feux de bonne santé à toutes les régions de mon être !

Aucun esprit méchant ne résiste à ma bonne santé, car l'Esprit de ma santé parfaite y veille personnellement !

Dieu qui vit en moi poste sept chérubins de guerre aux sept portes de mon corps pour la sécurité de ma santé parfaite !

Mon corps, mon âme et mon esprit sont pour cela remplis de vie et de force. Car le Dieu de mon salut est ma santé !

Tout ce que je mange, tout ce que je bois, tout ce que je touche me communique la santé agréable en tous lieux de moi !

L'eau de pluie qui me touche et mon eau de douche constituent des bains divins spéciaux participant à me garder en bonne santé !

Le vent qui souffle et caresse ma peau est un massage qui vivifie mes os et renouvelle la vigueur de ma santé !

Pendant mon sommeil, Dieu fait le tour de mon corps et le nettoie de toute impureté !

Il règle les battements de mon cœur pour son bon fonctionnement, il touche mes poumons pour qu'ils restent saints, il touche mes os pour les fortifier et les vivifier de sa vie zoé !

Je suis un centre de santé parfaite et je communique la bonne santé à tous !

Je communique la bonne santé aux plantes, aux animaux, aux malades et à toute la terre !

Car je suis un havre de bonne santé !

Au Dieu da ma santé parfaite et qui vit et règne dans les cieux de mon cœur soit gloire, majesté, magnificence et seigneurie pour l'exaucement à ma proclamation ! Merci, merci, merci...

Recueil de Proclamations Prophétiques et d'Adoration(RPPA)

Je suis la chose du Saint-Esprit!
Pour être sous la possession exclusive du Saint-Esprit.

Cette proclamation manifeste le Saint-Esprit avec puissance chez la personne qui souhaite de toutes ses forces être le « maillon faible » de l'Esprit de Dieu. C'est une proclamation qui crée une complicité entre le Saint-Esprit et toi qui proclame.

Passe d'abord par la consigne qui est indiqué à la proclamation n°1 pour vivre la puissance de cette proclamation.

Proclamation n°7

Je suis la chose du Saint-Esprit !

Je suis la chose de la force agissante de Dieu !

Je suis le lieu où le Saint-Esprit se déploie jusqu'à l'infini !

Je suis la terre exclusive du feu exercé de Dieu !

Je suis le pose-pied du Saint-Esprit !

Je suis la serpière sur laquelle le Saint-Esprit passe ses pieds!

Je suis le mouchoir sur lequel le Saint-Esprit dépose ses divines sueurs de feu et de puissance !

Le suis le torchon qu'il utilise pour toucher ce qui chauffe !

Je suis la chose du Saint-Esprit !

Il me possède d'une possession dont je suis amoureux !

Il m'emprisonne d'une sainte prison et je me sens libre en elle !

Ma liberté est d'être dans la prison du Saint-Esprit qui ne me lâche pas et je m'en réjouis de tout mon être !

Le Saint-Esprit est propriétaire de moi !

Il m'inspire les inspirations qu'il veut !

Le Saint-Esprit est dans mon tréfonds, je suis dans son tréfonds.

Je suis en lui, il est en moi. On s'entremêle et on est l'un dans l'autre, dans une parfaite harmonie et d'extase sublime!

Il m'enseigne et me révèle les connaissances qu'il veut !

Il transporte mon esprit et mon entendement dans les dimensions d'élévation qui lui plaît !

Car je suis sa chose !

Je suis la chose du Saint-Esprit !

Il est libre de faire de moi ce qu'il souhaite car je lui appartiens !

Il me conduit là où il veut !

Il m'humilie à sa guise et j'en suis ravi car je suis sa chose !

Il est libre de prédisposer de moi !

Rien ni aucune force que lui n'a accès à moi. Car il me conserve jalousement pour lui seul !

Mon cerceau, ma mémoire, mes pensées sont la propriété du Saint-Esprit !

Je n'ai ni pensée, ni mémoire et ni cerveau qui soient à moi .Car les pensées que je pense, la mémoire que j'ai et mon cerveau sont au service du Saint-Esprit qui les incline là où il veut !

Ma bouche est sa bouche et il parle par elle des choses que je ne saurai humainement expliquer !

Il ouvre mes yeux et me fait voir ce qu'il souhaite que je vois !

Il attire et mobilise des foules autour de moi pour qu'il contemple la gloire de la puissance de Dieu en moi !

Par moi, le Saint-Esprit met Dieu en mouvement, c'est pourquoi partout où je passe, il y a un dépôt divin qui se déploie et une senteur du Ciel qui se repend et atteins de nouveaux cœurs pour le peuplement du Royaume !

Le Saint-Esprit brise mon orgueil, et recouvre sa chose de gloire !

Je suis la chose du Saint-Esprit. Je suis tout entier possédé par lui !

<u>Recueil de Proclamations Prophétiques et d'Adoration(RPPA)</u>

Je suis la chose du Saint-Esprit !

A ce Dieu Saint-Esprit dont je suis la chose et qui vit et règne dans les cieux de mon cœur soit gloire, majesté, magnificence et seigneurie pour l'exaucement de ma proclamation ! Merci, merci, merci…

Je suis la crème de Dieu!

Pour prendre conscience de ton importance aux yeux de Dieu.

Cette proclamation sied avec les personnes qui ont une faible estime personnelle et qui se dégradent elles-mêmes quotidiennement.

Le secret du succès de cette proclamation passe également par l'application de la consigne indiquée en tout début de ce programme.

Proclamation n°8

Je suis la pensée que Dieu pense !

Je suis l'idée merveilleuse que Dieu nourrit dans son cœur !

Je suis le rêve que Dieu rêve !

Je suis l'objectif de gloire que Dieu ambitionne atteindre !

Je suis le veux le plus cher au cœur de Dieu !

Je suis la rose fragile et délicate que Dieu tiens avec attention des ces mains !

Je suis le parfum intime de Dieu !

Je suis le vent qui caresse la joue de Dieu et qui proclame qu'il est Dieu !

Je suis le point sensible de Dieu !

Qui me touche, touche Dieu !

Je suis la raison de son amour !

Je suis la raison de sa joie et de son contentement !

Je suis la confidence de Dieu !

Je suis dans le secret de ses plans toujours parfaits!

J'ai une place de distinction dans l'intimité du cœur de Dieu !

Je suis la crème de Dieu !

Recueil de Proclamations Prophétiques et d'Adoration(RPPA)

Je suis le miel enfoui au rocher de sa gloire !

Je suis son champ d'amour parfait, le lieu de sa réjouissance !

Je suis l'oreiller où Dieu repose se tête !

Entre ses bras de Dieu, je me perds et mon âme trouve le repos parfait !

Dieu et moi, on s'aime d'un amour éternel !

Dieu m'aime encore plus car je suis sa précieuse crème de gloire infinie !

Je suis ce que Dieu aime le plus !

Je suis la crème qu'il aime déguster car je suis le produit de sa cuisson, c'est pourquoi je suis délicieux à sa bouche plus que tout autre chose!

Je suis une crème unique et distingué car Dieu ne consomme que le meilleur !

Je suis une crème qui a la caution du Ciel car je suis le délice de l'Eternel !

Je suis l'épouse de son Esprit !

Je suis la raison qui fait battre le cœur de Dieu !

Je suis la prunelle de l'œil de Dieu !

Je suis la manifestation de ses sentiments !

Je suis ce dont Dieu à envie car j'exprime ce qu'il veut dans la chair!

Je suis la manifestation des sentiments que Dieu chérit au-delà de toute autre chose !

Je suis ce que Dieu admire le plus dans son âme !

Je suis la crème de Dieu !

A ce Dieu qui vit et règne dans les cieux de mon cœur et dont je suis la crème, soit gloire, majesté, magnificence et seigneurie pour l'exaucement à ma proclamation ! Merci, merci, merci...

Ce jour m'appartient!

Pour bénir ta journée et pour que toutes les situations du jour te soient favorables.

Cette proclamation doit être une prière quotidienne pour toute personne voulant voir ses journées aller de gloire en gloire. C'est une proclamation qui ouvre les portes, qui libère, qui chalenge et qui fait aimer la vie. Quand tu proclames ses paroles, divorce d'avec les plaintes quotidiennes. Sois toujours joyeux (1Thessalonniciens 5/17), et pense toujours que quelque chose de bien va t'arriver. Car c'est ce avec quoi tu prends rendez-vous dans ton esprit qui viendra à toi (Habacuc 2/3).

C'est avec elle que nous te proposons de débuter chacune de tes journées en suivant la consigne indiquée en tout début du programme.

Proclamation n°9

Aujourd'hui est un jour unique !

Aujourd'hui est un jour rare !

Aujourd'hui est un jour qui ne reviendra plus jamais !

Il n'y aura plus jamais de jour semblable à celui-ci !

Ce jour est un miracle !

Ce jour est mon miracle !

Aujourd'hui m'appartient !

C'est pourquoi je chéris chaque seconde de ce beau jour parce que chaque instant de lui est un miracle et un délice pour ma vie !

Ce jour sublime porte mon nom !

Aujourd'hui s'appelle (dire ton nom) !

Car c'est le jour que l'Eternel a fait !

Dieu l'a conçu pour moi !

Recueil de Proclamations Prophétiques et d'Adoration(RPPA)

Aujourd'hui est le cadeau que Dieu m'offre !

C'est pourquoi aujourd'hui est appelé le présent !

Aujourd'hui est un jour merveilleux pour moi !

Tous les feux sont au vert pour moi !

Aujourd'hui est le jour de mon déploiement !

Aujourd'hui est le jour de ma liberté !

Aujourd'hui est le jour de ma consécration !

Aujourd'hui, toutes les portes me sont ouvertes !

Aujourd'hui, les portes se créent et s'ouvrent pour moi là où il n'y avait que des murs !

Aujourd'hui les montages, les ravins et les portails tombent et se prosternent dans ma présence en signe de révérence !

Aujourd'hui, l'échec et la difficulté prennent la fuite à mon approche à l'horizon !

Aujourd'hui, toutes les impossibilités d'hier deviennent possibles !

Aujourd'hui, le Ciel n'a qu'une seule mission : me bénir jusqu'à l'infini !

Aujourd'hui toutes les forces de l'univers sont mobilisées à mon élévation !

Aujourd'hui, l'enfer commet des erreurs graves qui me bénissent !

Car aujourd'hui, toute chose concourt à mon bien !

Aujourd'hui est le jour de mon accomplissement !

Dieu le scelle, l'enfer le confesse et le monde le proclame !

Aujourd'hui, tout l'enfer réuni est sous mes pieds parce que c'est là sa place et parce que c'est le jour de ma victoire !

Aujourd'hui est un jour spécial pour moi !

C'est le jour de mon repositionnement !

Aujourd'hui, le soleil me bénit de ses rayons, la pluie me bénit de ses goutes, la terre me béni de son fruit, l'air me bénit de son vent !

Ce jour m'appartient !

Au Dieu qui a créé ce jour qui m'appartient, et qui vit et règne dans les cieux de mon cœur soit gloire, majesté, magnificence et seigneurie pour l'exaucement de ma proclamation ! Merci, merci, merci…

Recueil de Proclamations Prophétiques et d'Adoration(RPPA)

Dieu rêve à travers moi!

Pour prendre conscience que c'est par l'homme que Dieu parachève son œuvre.

Sache qu'il y a des choses dont tu rêves, mais qui ne sont pas tes rêves à toi. En effet, il y a des choses qui te touchent, mais en vérité, ce n'est pas toi qui es touché ; c'est Dieu lui-même qui est touché en toi. Car Dieu vit en toi et c'est par toi qu'il exprime ce qu'il ressent parce qu'il a envie d'atteindre certains objectifs spécifiques par toi.

Pour être en phase avec Dieu dans cette proclamation, nous te conseillons de commencer par la consigne indiquée en tout début de ce programme.

Proclamation n°10

Je suis l'instrument de manifestation de Dieu au monde !

Je suis celui par qui Dieu s'exprime au monde !

Ce que Dieu veut faire au monde à travers moi se manifeste par ce qui touche ma sensibilité !

C'est ce qui me fait pleurer lorsque les rideaux sont baissés qui est ce à quoi Dieu m'appelle !

Dieu me révèle par ce qui me touche, la raison de ma venue sur terre !

Je suis un délégué du Ciel pour la résolution d'une question spécifique parce que Dieu veut redorer le blason de la terre pour qu'elle redevienne le reflet parfait du Ciel !

En effet, ce qui me touche est ce qui touche d'abord Dieu !

Car ce que je ressens est ce que Dieu lui-même ressent !

C'est pourquoi quand je pleure, c'est Dieu qui pleure à travers moi !

Quand j'ai mal, c'est Dieu qui a mal à travers moi !

Je suis le lieu d'expression des sentiments de Dieu !

Je suis l'humanisation de Dieu !

Toutes mes actions agréables sont Dieu lui-même en action !

Tous les projets que nourrit mon âme en vue de soulager mes semblables sont les projets de Dieu lui-même !

A travers moi, Dieu insuffle une nouvelle espérance dans les cœurs pour qu'ils croient en un avenir radieux !

Car Dieu veut à nouveau faire resplendir de gloire son chef-d'œuvre du commencement du monde !

Dieu met en moi des sentiments bons parce que se sont ses sentiments à lui. Il veut que je les ressente pour que je lui cède mon corps, mon âme et mon esprit afin de travailler avec ces outils pour aboutir aux résultats qu'il ambitionne pour le bien de sa création !

Dieu rêve par moi, et le rêve que je rêve de faire du bien est son rêve !

Dieu a copié ses projets dans le disque dur de mon esprit pour que je les accomplisse à la gloire de son nom !

A ce Dieu qui rêve à travers moi et qui vit et règne dans les cieux de mon cœur soit gloire, majesté, magnificence et seigneurie pour l'exaucement de ma proclamation ! Merci, merci, merci…

Recueil de Proclamations Prophétiques et d'Adoration(RPPA)

Je sais que ça va aller!

Pour garder la tête haute lors des perturbations de la vie. Pour garder la foi et les regards fixés vers Dieu seul dans l'attente de ton relèvement.

Lorsque tu sens que tu t'enfonce et que tout semble perdu, regagne la foi en proclamant cette prière avec toute ta foi et ton amour. Fais-le jusqu'à ce que les choses changent véritablement. Garde la foi, Dieu est sur la mer avec toi, tu n'enfonceras pas ! Il te retiendra par sa main toute puissante (Matthieu 14/30-31). Garde la foi !

Commence par la consigne située à l'entame de ce recueil pour vivre la plénitude de cette proclamation.

Proclamation n°11

Dieu a un plan merveilleux me concernant !

Parce qu'il m'aime et qu'il n'a d'yeux que pour moi !

Dieu est habité d'une envie infinie de me bénir et de me combler de grâce !

En ce moment même, je sens dans mon tréfonds comment le Ciel est à l'œuvre pour me bénir d'une bénédiction inédite !

Je sens le chao prendre la fuite et la bénédiction de feu de Dieu venir à moi avec puissance et force et aucun vent contraire ne peut ni l'y résister, ni l'y stopper !

C'est pourquoi je sais que ça va aller !

Je garde la tête debout et les épaules en place parce que quelque chose de Dieu est en préparation pour moi !

Dieu est sur la mer sur laquelle je me tiens, je ne vais pas enfoncer, il me tient la main par son bras tout puissant !

Je sens que ça va aller, je vais m'en sortir et je m'en sortirai dès aujourd'hui !

Je vois Dieu sourire au plus profond de mon être !

Je vois l'obscurité s'évanouir dans ma vie !

Et je vois la lumière du salut venir à moi et m'entourer comme les montagnes entourent Jérusalem !

Je sens toutes les souffrances dont je souffrais recevoir la colère du Dieu de mon salut !

Dieu est sensible à tout ce qui m'arrive, c'est pourquoi il est à l'œuvre pour me débarrasser de tout ce qui me fait mal !

Dieu ne me laisse pas seul, il est le premier à être proche de moi avant moi-même !

Pour ce projet que je n'ai pas encore réussi à réaliser, je sais que ça va aller, Dieu va aider !

Il le ferra par sa fidélité !

C'est pourquoi, je ne laisserai pas le luxe aux larmes, aux plaintes, aux découragements, à l'abandon, ni à quoi que se soit de nuisible à ma destinée de hanter mon esprit !

Je reprends les reines de ma vie et je dis à mon âme : reste calme et déborde d'assurance en Dieu car lorsqu'on tourne vers lui les regards, on est rayonnant de joie et le visage n'est point couvert de honte !

Je sais que ça va aller, Dieu va aider !

Il est ma victoire et mon sujet de gloire !

Il est celui qui me protège, qui me conduit par son amour et qui dirige mes pas vers le lieu où ma vie prendra tout son sens !

Il est celui qui me dit : « ça ne fait que commencer », lorsque tout le monde pense que tout est fini pour moi !

Dieu est assis dans les tribunes de mon cœur et m'encourage à l'exploit !

Car Dieu est celui qui continue de croire en moi, lorsque personne n'y croit plus !

Dieu est ma force et la complémentarité de mes faiblesses !

C'est pourquoi je suis dans l'attente joyeuse de mon Seigneur qui vit et règne dans l'univers !

<u>Recueil de Proclamations Prophétiques et d'Adoration(RPPA)</u>

Je sens la bénédiction prochaine aux portes de ma vie !

Ca va aller, Dieu va aider !

A ce Dieu qui vit et règne dans les cieux de mon cœur et qui fera encore pour moi, au-delà de mes attentes, soit gloire, majesté, magnificence et seigneurie pour l'exaucement de ma proclamation ! Merci, merci, merci…

Je suis le pari de Dieu!

Pour prendre conscience que tu ne dois pas vivre pour rien ni respirer l'air que tu respires pour rien, car Dieu a misé sur toi!

Cette proclamation t'amène à t'impacter et à ne pas être comme le figuier stérile que le Christ maudit faute de fruit et donc d'impact dans le monde. Il occupait la terre pour rien, il aurait été mieux pour lui qu'il nut jamais existé. Ta présence ici implique donc que Dieu attend de toi, quelque chose. (Matthieu 21/19).

Proclamation n°12

Je suis le pari de Dieu !

Dieu a misé sur moi avant la fondation du monde !

Il m'a injecté dans le monde pour que je déploie et manifeste sa gloire !

J'existe pour nourrir Dieu lorsqu'il passera par chez moi !

Dieu a parié sur moi comme il avait parié sur Job !

Dieu a misé sur moi de telle sorte qu'en voyant les merveilles et les exploits qu'il accomplit en moi et à travers moi, que le monde ait envie de revenir à lui !

Dieu a misé sur moi pour que par ma vie, je donne envie aux occultes de laisser baal pour le Dieu qui répond par le feu, le Dieu d'Eli !

Dieu a misé sur moi pour que, par ma vie, je fasse la promotion du Ciel !

Je suis le marketer du Ciel !

Je suis le panneau publicitaire du Royaume des cieux !

Je laisse lire sur moi, les annonces et nouvelles du Ciel !

Dieu a parié sur moi !

Il a parié sur moi pour montrer à toute la terre habitée qu'il peut prendre un zéro et en faire un héros !

Recueil de Proclamations Prophétiques et d'Adoration(RPPA)

Qu'il peut prendre un homme ordinaire et en faire un homme extraordinaire !

Qu'il peut prendre un humain et en faire un divin !

Qu'il peut prendre une personne qui n'a pas d'histoire et lui offrir une destinée !

Qu'il peut prendre un poulet et en faire un aigle !

Qu'il peut prendre un diable et en faire un ange !

Qu'il peut prendre une serpillère et en faire un tapi d'honneur pour la seule gloire de son nom !

Dieu a misé sur moi pour que je conquière des territoires et des peuples !

Je suis l'investissement de Dieu et j'accomplis par la puissance de son esprit, les raisons de son pari sur moi !

Je suis avec Dieu qui me conduit !

Lui et moi formons la majorité absolue car un avec Dieu est une majorité !

Je suis le vase d'honneur que Dieu expose pour faire lire sa majesté et sa seigneurie !

Dieu a foi en moi. Il sait que je suis l'homme de la situation car il a regardé à mon potentiel avant de me missionner !

Dieu croit en moi pour la guérison des malades !

Dieu croit en moi pour la restauration des âmes abattues !

Dieu croit en moi pour le retour à la bergerie des âmes perdues !

Dieu croit en moi pour la restauration des cœurs brisés !

Dieu croit en moi pour le retour de la joie dans les cœurs des familles !

Dieu croit en moi pour nourrir les affamés et les assoiffés !

Dieu croit en moi pour que j'accomplisse des choses merveilleuses comme lui-même le ferait !

Dieu croit en moi pour la délivrance de ceux qui sont privés de liberté !

Je suis le pari de Dieu et c'en est ainsi !

Je suis la flèche que Dieu lance pour atteindre un objectif !

A ce Dieu qui vit et règne dans les cieux de mon cœur, soit gloire, majesté, magnificence et seigneurie pour l'exaucement de ma proclamation ! Merci, merci, merci...

Je suis le champ d'amour de Dieu!

Pour augmenter de l'amour dans ton être intérieur et pour ressentir l'amour de Dieu en toi.

Cette proclamation te fait te sentir bien dans ton corps. Elle participe aussi de ta bonne santé. Car elle te garde dans la bonne humeur et les bons sentiments qui, pour leur part, créent ta bonne santé.

La consigne qui précède cette proclamation est en tout début de ce programme.

Proclamation n°13

Je suis un champ d'amour !

Tout ce qui est en moi scintille d'amour !

Mon corps est plein d'amour !

Mon âme est débordante d'amour !

Mon esprit abonde d'amour !

Je suis un champ parfait d'amour en Dieu !

Je suis en tout lieu riche d'amour car j'ai la nature de Dieu !

Je suis le reflet de ce qu'il est et j'exprime ce qu'il est en moi !

Dieu est amour en moi et je ressens cet amour traverser les trois cieux qui forment mon être entier !

Mon cœur est ouvert à l'amour et tous les hommes de la terre ont une place dans mon cœur et il en reste encore de places !

Mon cœur est inépuisable en amour !

Et je regarde chaque visage avec les yeux de mon cœur et j'y lis une marque de Dieu sur tous les visages !

Je vois avec les yeux de mon cœur le doigt de Dieu sur chaque front par lequel il atteste son amour pour tous les hommes de la terre quels qu'ils soient !

C'est pourquoi moi aussi je choisis d'aimer tous les Hommes de la terre !

Tel qu'ils puissent être, je les accepte et je leur communique l'amour de Dieu en moi !

Je suis amoureux de moi-même !

J'aime me voir et m'admirer !

Je suis un vrai miracle de la création et je m'aime !

Je suis attentionné à mon corps, à mon âme et à mon esprit car je les aime et voudrais les garder sains !

Je m'accorde cet amour parce que c'est en m'aimant moi-même que je saurai aimer les autres. Car je sais qu'on donne toujours autres ce qu'on se donne à soi-même véritablement !

Je me donne de l'amour, de l'attention et je m'accepte !

J'accepte donc aussi les autres et je leur donne avec toute la joie de mon cœur, le même amour et la même attention que je m'offre à moi-même !

J'ai la grâce d'être le champ où se déploie l'amour de Dieu !

Je suis un champ d'amour à l'Eternel !

Je suis le champ d'amour de Dieu !

Je suis amoureux de Dieu !

Je l'aime un peu plus aujourd'hui qu'hier !

L'amour de Dieu bout en moi à plus de 1000°C !

Il évapore mes défauts et me parfait en tout lieu de moi !

Je parle Amour, je vis Amour et tout ce que je fais est Amour !

Je suis l'amour de Dieu dans la chair !

Je n'ai pas le temps de haïr, j'ai juste le temps d'accepter les autres !

Je n'ai pas le temps d'avoir peur, j'ai juste le temps d'aimer !

Recueil de Proclamations Prophétiques et d'Adoration (RPPA)

Je n'ai pas le temps de détruire, j'ai juste le temps de construire !

Je n'ai pas le temps d'accuser, j'ai juste le temps de pardonner !

Je n'ai pas le temps de maudire, j'ai juste le temps de bénir !

Je n'ai pas le temps de jalouser, j'ai juste le temps d'encourager !

Je n'ai pas le temps de dénigrer, j'ai juste le temps d'apprécier !

Je n'ai pas le temps de disperser, j'ai juste le temps de rassembler !

Je n'ai pas le temps de tuer, j'ai juste le temps de donner la vie !

Je n'ai pas le temps d'accabler, j'ai juste le temps de partager ce que j'ai avec les autres !

Je n'ai pas le temps de me plaindre, j'ai juste le temps de me mettre à la tâche !

Je n'ai pas le temps d'abandonner, j'ai juste le temps de persévérer !

Je n'ai pas le temps au mal, j'ai juste le temps au bien !

Car je suis exactement comme Dieu est !

Je suis plein d'amour et je me sens bien dans cet amour qui inonde tout mon être !

A ce Dieu dont je suis le champ d'amour et qui vit et règne dans les cieux de mon cœur, soit gloire, majesté, magnificence et seigneurie pour l'exaucement de ma proclamation ! Merci, merci, merci…

Je pardonne!
Pour pardonner une offense qu'on t'a causée.

Le pardon n'est pas une option, c'est une obligation pour quiconque souhaite évoluer dans la vie. Car le pardon t'ouvre les portes qui étaient fermées et t'apporte de nouvelles opportunités dans la vie. Si Adam avait cette connaissance à son époque, il aurait certainement évité à lui-même et à l'humanité toute entière, la tragédie d'Eden. En effet, un peut de pardon suffisait de trouver une place dans le cœur d'Adam pour que tout rentra dans l'ordre, mais il choisit l'accusation (Genèse 3/12 ; 17), ne sachant pas qu'il y a une puissance restauratrice dans le pardon.

Pour réussir cette proclamation, consulte d'abord la consigne indiquée en début de ce programme.

Proclamation n°14

Je suis à l'image de Dieu et je lui ressemble parfaitement !

Je suis exactement comme lui !

Dieu et moi sommes pareils !

Dieu est richement amour et miséricordieux c'est pourquoi il pardonne même les offenses les plus folles !

Moi aussi je suis richement amour et miséricordieux et, comme Dieu, je pardonne même les offenses les plus folles !

C'est pourquoi sur celui qui m'a fait du mal, je déclare de toute ma foi qu'il est pardonné !

Je pardonne totalement à tous ceux qui m'ont offensé !

Je liste les noms de tous ceux qui m'ont fait du mal et je déclare de toute ma vie qu'ils sont pardonnés !

Je déclare que tous ceux qui ont abusé de moi dans la faiblesse de mon enfance et qui m'ont fait connaitre une enfance malheureuse sont pardonnés !

Je les libère pour qu'ils soient libres et qu'ils vivent harmonieusement leur vie !

Je leur offre le pardon car le pardon est une action de grâce !

Désormais, quand je verrai l'une de ces personnes dans mon esprit ou en face, je me remplirai de joie car ils sont tous libres !

Je ne ferrai plus cas de ce qu'ils m'ont fait vivre ni du traumatisme qu'ils ont causé dans ma vie !

Je fais juste appelle à Dieu pour la réparation des zones de ma vie endommagé par cette douleur qu'ils m'ont occasionné !

Je déclare que ceux (celui) qui m'ont offensé sont libérés de moi et je suis libéré d'eux (de lui) !

Je souhaite beaucoup de bien à (dire le(s) nom(s), si possible), qui m'ont (m'a) fait du mal !

Je souhaite qu'il lui (leur) arrive (ent) quelque chose de bien dans sa (leur) vie en ce moment même !

Je convoque le ministère des anges pour qu'il monte la garde aux sept(7) portes de leur (sa) vie afin qu'il(s) soit (ent) protégé(s) de tout mal !

Je me pardonne !

Je me pardonne à moi-même d'avoir ressenti de la colère en faisant fuir, de la sorte, la joie au loin de mon cœur à cause de cette offense !

Je me pardonne de m'être senti mal !

Je me pardonne et je demande pardon à Dieu de m'être fâché contre sa créature !

Je me pardonne et je demande pardon à Dieu d'avoir oublié mes propres offenses sur les autres !

Je pardonne à Dieu !

Car pardonner à la créature c'est pardonner à son créateur !

Je pardonne à Dieu de tout mon cœur à propos du mal que sa créature m'a causé !

Je libère Dieu de la prison de mon cœur et je proclame qu'il est libre !

Je te pardonne, mon Dieu, et je t'accueille à nouveau avec joie et action de grâce dans mon esprit où tu vis et règne par ta puissance !

Je dîme auprès de Dieu par cette offrande que je lui offre !

Je me sens libre. Je me sens bien !

Je me sens comme Dieu car le pardon est de Dieu !

Mon prochain est libre et il se sent bien !

A ce Dieu qui vit et règne dans les cieux de mon cœur, soit gloire, majesté, magnificence et seigneurie pour l'exaucement de ma proclamation ! Merci, merci, merci...

Recueil de Proclamations Prophétiques et d'Adoration(RPPA)

J'ai le conjoint qui me correspond!
Pour attirer la personne qui te correspond.

Un conjoint s'attire. Le type de femmes où d'hommes qui entre dans ta vie correspond aux types de pensées que tu entretiens sur les femmes ou sur les hommes. Pour attirer la bonne personne, tu devras à partir de ce programme, changer ton langage mental et verbal, sinon tu courcircuites le processus de l'attraction de la personne te correspondant. Tu devras alors éviter des expressions telles que : « les femmes n'en valent pas la peines », si tu es un homme, ou : « les hommes sont des bandits », si tu es une femme. Car c'est par ce que tu confesses que tu es justifié parce que Dieu prête attention à tes propos pour t'exaucer (Esaïe 43/26). Commence alors par avoir une bonne image des femmes ou des hommes et oublie ton passé traumatisant. Car si tu te rappelles encore de lui, tu échoueras encore aujourd'hui à cause d'une loi spirituelle et universelle : l'énergie coule là où l'attention va. Autrement dit, l'esprit se déploie et se manifeste à l'endroit où se cristallise ton attention, et ce qui accroche ton attention est aussi attiré par toi pour créer la réalité correspondant à ce à quoi tu penses le plus. Ne pense donc plus au mal qu'une relation t'a causé, le passé risque de se répéter. Or, le passé est passé, il est mort et enterré et n'a reçu aucun pouvoir de revenir pour te hanté. Fais alors comme si tu n'as jamais aimé de ta vie et repart de zéro pour réussir. Amen ?

Suis la consigne qui est indiqué en tout début du programme pour avoir du succès dans cette proclamation.

Proclamation n°15

Dieu vit au centre de mon être, c'est là son Royaume !

Et il a des plans de paix et de bonheur pour moi pour me donner un avenir heureux et de l'espérance !

Pour la plénitude de son Royaume en moi et pour mon bonheur, je sais que Dieu m'a prévu un conjoint qui me corresponde !

Mon conjoint entend ma voix dans son esprit en ce moment que je parle de lui !

J'attire mon conjoint et Dieu le rapproche de moi un peu plus chaque jour !

Je sais que le jour de notre rencontre est proche et qu'il est déjà même arrivé !

Car l'heure a sonné pour mon conjoint de faire irruption dans ma vie !

Je ressens les battements de cœur de mon conjoint et il ressent, lui aussi les battements de mon cœur là où il est en ce moment !

Mon conjoint ressent ma présence à ses côtés en ce moment et il ne peut se dérober à cette réalité !

Mon conjoint est un homme bon de cœur ayant l'amour de Dieu et l'amour pour Dieu dans son âme !

Mon conjoint est une personne de foi et il est soumis à Dieu et à Jésus-Christ qui est l'auteur de sa foi !

Mon conjoint est homme sage, un bon époux et un bon père de famille !

Mon conjoint est une bénédiction de Dieu pour mon bonheur !

Mon conjoint est attentionné, il m'aime d'un amour profond et il aime dialoguer avec moi !

Mon conjoint est toujours joyeux, chalengé et de bonne humeur !

Mon conjoint est plein de vie !

C'est un homme accompli !

Mon conjoint et moi, nous nous aimons d'un amour parfait !

On se parle au regard et on s'attire aux signes !

Nous sommes hautement complice mon conjoint et moi !

J'aime son corps et j'aime être dans ses bras !

Il aime mon corps et ne se fait pas prier pour m'envelopper comme un drap !

Nous nous complémentarisons : il couvre mes faiblesses et je couvre les siennes !

Il y a harmonie parfaite entre mon conjoint et moi !

J'aime les émotions et l'état d'esprit de mon conjoint !

<u>Recueil de Proclamations Prophétiques et d'Adoration(RPPA)</u>

Mon conjoint aime mes idées et mon degré d'élévation spirituelle lui correspond !

Il n'a d'intérêt que pour mes vertus et mutuellement, nous nous encourageons au bien !

Nous sommes tous deux fidèles et nous nous satisfaisons parfaitement car il y a entre nous, une réelle complicité sexuelle !

Mon conjoint n'a d'yeux que pour moi et je n'ai d'yeux que pour mon conjoint !

Notre union est une bénédiction et nous donnons envie à tous les célibataires de se marier !

Mon foyer est un havre de paix et je suis heureuse !

Nos enfants sont des enfants modèles et obéissants !

Ils sont des flèches qui volent vers leur destination de gloire !

Ces paroles que je déclare prennent effet maintenant !

Et à ce Dieu qui attire à moi mon conjoint et qui vit et règne dans les cieux de mon cœur, soit gloire, majesté, magnificence et seigneurie pour l'exaucement de ma proclamation ! Merci, merci, merci…

Je sème la paix!

Pour promouvoir la paix en toi et au tour de toi.

Cette proclamation est la bienvenue lorsqu'il y a un conflit que tu dois résoudre. Il t'inspire les mots justes et te fait prendre autorité sur les gens sur qui tu appelles la paix. Cette proclamation t'élève au rang de fils de Dieu et donc de représentant légale de Dieu (Matthieu 5/9). Car c'est le fils, et non l'enfant, qui prend la place du père en son absence.

Suis la consigne énoncée en tout début de ce programme pour connaitre le succès lors de cette proclamation.

Proclamation n°16

Dieu vit au centre de mon cœur !

Il n'est pas dans les nuages, il est au Ciel et je suis ce Ciel !

Melchisédek de Salem vit en moi et déploit sa paix du plus profond de mon être et la repend à l'extérieur !

Je suis constitué de paix !

Je suis une flemme de paix et cette flemme brule et réduit en cendre tous les conflits !

Je suis une fournaise de paix et tout ce qui rentre en fusion avec moi fond dans la paix !

Je libère des ondes de paix et j'incline tous les cœurs à la paix !

Dans ma présence, le démon de la guerre et de la discorde et de la division prend fuite car je suis la lumière de paix qui chasse la ténèbre da la guerre !

Le roi de Salem est incarné en moi et accompli ce qu'il est par moi !

Dans ma présence, les querelles se dissipent, les inimitiés se crucifient et meurent, la haine dégage des cœurs qu'il a séduit pour faire place au roi de Salem !

Recueil de Proclamations Prophétiques et d'Adoration(RPPA)

A mon passage, les volcans se taisent, les eaux agités de la mer se calment, les vents violent cessent par la puissance du Dieu de la paix qui agit et opère par moi !

Je suis un havre et une usine de paix !

Je suis un palais de réconciliation !

Mon corps dégage la paix, mes pensées, mes émotions et mes sentiments traduisent la paix !

Mon esprit, sa foi et son amour traduisent la paix

Dans ma présence, les frères divisés se ré-unissent et se prennent à nouveau main par la main !

Dans ma présence, je repends la paix du Ciel et aucun esprit ne peut y résister !

Par la puissance de Melchisédek, roi de Salem qui vit en moi, j'apprivoise les esprits rebels et je les ramène à l'obéissance à Christ !

Dans ma présence, les armes tombent et les démons de la discorde descendent tous dans la géhenne !

Car ma présence est la présence de Dieu, mon arrivée est l'arrivée de Dieu !

La puissance que je déploie par mes paroles, c'est Dieu lui-même en action dans ma chair !

C'est pourquoi aucun esprit rebel ne peut résister à demeurer dans ma présence !

Je suis un réel danger pour les renards qui ravagent la vigne de Dieu !

Je proclame la paix dans ce pays !

Je proclame que Dieu incline les cœurs des dirigeants de ce pays à l'endroit du peuple pour qu'ils répondent à ses attentes !

Je proclame que les dirigeants de ce pays reçoivent la visitation de l'Esprit de Dieu pour un partage plus juste des revenus de ce pays entre les fils et filles de ce pays !

Je proclame que les dirigeants n'ont d'autres projets que celui de satisfaire les citoyens de ce pays de façon équitable pour qu'il n'y ait pas de frustration dans les cœurs des enfants de ce pays béni !

Je proclame que dès ce jour, les dirigeants de ce pays poseront des actions qui participeront à renforcer la paix, la cohésion et l'unité de cette nation !

Je proclame la paix dans tous les pays de ce continent !

Je souhaite qu'il arrive à chaque pays de ce continent, le bien que je souhaite à mon pays !

Je proclame la paix de Dieu dans le monde !

J'envoie la main de Dieu dans les coins les plus éloignées de la civilisation et hostile à toute vie pour que se vive la paix de Dieu !

Je proclame la paix de Dieu dans tous les foyers de la terre !

Je proclame la paix sur tous les pays en guerre et par la puissance du roi de Salem, cette paix prend forme dès maintenant !

Au Dieu Shalom qui vit et règne dans les cieux de mon cœur, soit gloire, majesté, magnificence et seigneurie pour l'exaucement accordée à ma proclamation ! Merci, merci, merci…

Recueil de Proclamations Prophétiques et d'Adoration(RPPA)

Attirer qui je veux!
Pour attirer une personne spécifique.

Fais cette proclamation si tu as une personne que tu veux spécifiquement attirer dans ta vie. Sache en ce qui concerne cette proclamation que la vie d'une personne tient à son nom. Il suffit de connaitre comment s'appelle qui tu veux pour l'attirer à toi. C'est une des lois spirituelles et universelles que tu devras désormais connaitre. C'est la raison pour laquelle Dieu n'a pas révélé son véritable nom à Moise (Exodes 3/13-14), car il savait que lorsqu'on connait le nom d'une personne, on a sa vie. Dieu a donc refusé de tomber dans la manipulation comme l'est le nom de Jésus de nos jours (Matthieu 7/22-23).

*** Faire quotidiennement cette proclamation jusqu'à manifestation de ce que tu veux. N'exécute pas ce travail pour essayer de voir si ça marche ! Car le doute n'est pas un allié lorsque tu as une vie à construire. C'est la foi qui change la donne dans la vie d'une personne. **Tu dois donc croire !** C'est ta foi qui est ainsi invitée à rentrer en mouvement ici, tout en suivant les consignes qui te sont indiquées car ce programme requière, une fois de plus, de la discipline.

Attention !!! Ne pas faire cet exercice pour briser un foyer déjà construit ou chercher à t'approprier le mari ou la femme de quelqu'un d'autre ! Car quoiqu'il en soit, tu payeras les frais de ton acte parce que la bonne nouvelle est que tout se paie ici bas décuplé ! (Marc 4/24 ; Proverbes 11/27).

Pour le succès de cette proclamation, observe d'abord la consigne indiquée à la proclamation n°1.

Proclamation n°17

Je suis le premier prophète de ma vie !

C'est ce que je me souhaite à moi-même qui m'arrive !

C'est la personne que je veux que j'attire par la puissance du Dieu de mon exaucement qui vit et règne en moi !

Car mes vœux sont en harmonie avec le plan parfait de Dieu pour ma vie !

C'est pour quoi mon cœur n'est attiré que par ce qui va concourir à mon bonheur car mon choix est le choix de Dieu pour moi !

La personne que je veux dans ma vie est attirée par moi comme aimant !

Car je suis un centre magnétique et je rentre en possession de cette personne que mon cœur désir !

Ainsi, j'attire (dire le nom de la personne) à moi comme un aimant !

(Dire le nom de la personne), je t'attire à moi entièrement en ce moment pour que tu rentre dans ma vie !

(Dire le nom de la personne), j'attire ton corps, j'attire ton âme, j'attire tes pensées et j'attire ton esprit à moi !

(Dire le nom de la personne), tourne toi vers moi !

(Dire le nom de la personne), fond d'amour pour moi dès cet instant !

(Dire le nom de la personne), tu es mon mari (femme) !

(Dire le nom de la personne), tu es l'homme (femme) de ma vie !

(Dire le nom de la personne), j'incline ton cœur en ma faveur !

(Dire le nom de la personne), viens à moi ! (*le dire plusieurs fois*).

(Dire le nom de la personne), tu m'aime et toi et moi nous sommes uni pour la vie ! (*le dire plusieurs fois*).

L'Intelligence Infini te conduit à moi et me conduit à toi !

(Dire le nom de la personne), tu m'accueilles dans ta vie avec joie et amour !

(Dire le nom de la personne), tu me vois dans ta vie et sur tous les visages !

(Dire le nom de la personne), tu n'as de pensée que pour moi, tu n'as de respiration que pour moi et ne veux que de moi !

Je te vois dans mes bras et je me vois dans tes bras, et je proclame que cela prend effet dès maintenant !

Au Dieu d'amour qui vit et règne dans les cieux de mon cœur, soit gloire, majesté, magnificence et seigneurie pour l'exaucement accordée à ma proclamation ! Merci, merci, merci...

J'accepte l'argent !

Pour changer l'image que tu as de l'argent et pour en attirer et en recevoir.

Pour qu'une chose vienne à toi, il faut d'abord l'accepter. Mais tant que tu la refoules, elle restera loin de toi. Car on attire ce qu'on accepte et on éloigne ce qu'on refoule. Sache que l'argent n'est pas une mauvaise chose comme te l'a enseigné la religion dans son aliénation des esprits, mais que c'est une bonne chose parce qu'il appartient à Dieu (Agée 2/8 ; 1Timothée 4/4). L'argent est une bénédiction de Dieu dans la vie d'une personne, mais il change cette nature lorsqu'il tombe dans les mains de quelqu'un de déjà mauvais au départ. En effet, l'histoire de Lazare et du mauvais riche nous enseigne. Ce n'est pas parce qu'il était pauvre que Lazare vit Dieu, mais c'est parce qu'il était bon de cœur, et ce n'est pas parce qu'il était riche que le mauvais riche alla en enfer, mais c'est parce qu'il était mauvais (Luc 16/19-31). L'argent ou la richesse n'est donc pas le problème, mais l'homme. Evite, dès maintenant, des expressions telles que « l'argent, c'est le diable ! », ou « c'est à cause de l'argent que Judas avait trahi Jésus ! ». Car Judas accomplissait tout simplement son destin à cause de ce qu'il était, pas à cause de l'argent. Accepte naturellement l'argent et les richesses et garde-les à leur place de serviteur, c'est tout !

Nous te conseillons de débuter cette proclamation en observant premièrement, la consigne indiquée en début de cet recueil.

Proclamation n°18

Je suis un centre de paix et de prospérité !

La richesse et la prospérité s'expriment en moi et viennent à moi facilement et rapidement !

L'argent est mon ami !

L'argent m'aime et je l'accepte !

J'accueille l'argent dans ma vie !

L'argent vient à moi en avalanche !

J'en reçois en abondance !

L'argent circule dans ma vie comme le sang circule dans mon corps !

L'argent ne supporte pas rester loin de moi !

L'argent aime sentir ma chaleur et ma présence !

Argent, viens !

Argent, viens à moi et demeure dans mes poches et sous mon autorité de bon maitre !

L'argent m'aime et je l'utilise sagement !

L'argent m'aime et je l'aime car il est un serviteur fidèle et soumis !

Il m'aide à subvenir à mes besoins et à aider les autres !

J'expérimente des miracles financiers abasourdissants !

L'argent est bon car il appartient à Dieu qui me l'en donne au-delà de mes attentes !

J'ai une bonne image de l'argent et l'argent à une bonne image de moi !

Tous ce que je fais m'enrichi !

Je beigne dans la richesse financière et je suis en paix !

Ma bénédiction fait tâche d'huile et touche les pauvres qui bénissent Dieu de me bénir !

Car ma bénédiction bénit les pauvres !

Aujourd'hui, je vais recevoir un cyclone de billets de banque ! (*le dire plusieurs fois avec toute ta foi*).

Aujourd'hui, je serai au bon endroit et au moment opportun !

Car là où je serai aujourd'hui est l'endroit où l'argent m'attend pour s'abandonner à moi !

A compté de (*dire la date exacte*), je recevrai (*dire la somme exacte, car Dieu est dans le détail*) ! (*le dire plusieurs fois avec toute ta foi*).

Je suis un champ de richesse !

Recueil de Proclamations Prophétiques et d'Adoration(RPPA)

Je suis le carrefour où se rencontrent dames prospérité, abondance et richesse !

C'est pourquoi l'argent vient à moi en toute sécurité et j'en attire chaque jour beaucoup plus que le jour d'avant !

Au Dieu à qui appartient l'argent qui vit et règne dans les cieux de mon cœur, soit gloire, majesté, magnificence et seigneurie pour l'exaucement accordée à ma proclamation ! Merci, merci, merci…

Je suis une personne d'impact!

Pour prendre conscience que ta vie doit compter dans celle des autres.

Tu dois éviter de vivre comme un chimpanzé ! Tu es un homme à l'image de Dieu et il t'a créé pour que tu impact la terre à la gloire de son nom (Genèse 1/26). Vivre yeux fermés, bouche cousue et oreilles bouchées est une idée du diable. Car Dieu t'a créé lumière du monde pour te mettre en action (Romains 8/19), et non pas pour te cacher (Matthieu 5/14-15).

Cette proclamation t'amène à réveiller le géant qui sommeille dans ton tréfonds pour le mettre en marche vers ta manifestation d'impact.

Consigne : cf. proclamation n°1

Proclamation n°19

Je suis une personne d'impact !

Partout où je passe, je laisse un signe de moi qui atteste que j'étais là !

Je suis la lumière du monde !

Je suis celui de qui le monde attend avec vive impatience, la manifestation et je me manifeste par la puissance de l'Esprit qui vit en moi !

Je brille, et partout où je passe, j'illumine les peuples qui marchaient dans le noir de la nuit !

Je ne passe jamais incognito car je suis toute une ville sur toute une montagne, la montagne de Dieu !

Je ne me caché car un suis une exposition de Dieu et l'espérance de ceux qui n'ont pas de patrie !

Partout où je passe, on m'acclame debout car j'ai des idées glorieuses qui transpercent les cœurs de multitudes de foules et qui transportent le Ciel sur la terre !

Je suis une personne d'impact !

Recueil de Proclamations Prophétiques et d'Adoration (RPPA)

Je communique le Ciel à tous ceux avec qui je rentre en contact !

Je chalenge et éveille le géant qui sommeille en tous ceux qui m'entendent, qui me touchent, qui me parlent et à qui je parle !

Je reste à toujours marquée dans le disque dur de l'esprit des gens que je rencontre !

Ma présence donne une vision à ceux qui n'en ont pas et améliore celles de ceux qui en ont !

Ma voix monte aussi haut que le grognement d'un tonnerre et je montre la voie aux aveugles !

Je communique, la paix, la joie, la liberté, la prospérité, l'abondance, l'amour, la plénitude, et le pardon qui viennent de moi !

Ma présence change l'état d'esprit des gens !

Quand j'arrive, les pleures se changent en joie, les inquiétudes laissent place à la foi, la peur libère le trône à l'amour, la disette s'exile au profit de l'abondance, la guerre se change en paix et toutes les impossibilités deviennent possibles !

Ma présence est un miracle parce que je suis le représentant légal du Ciel !

Je marche avec la foi dans mon sac et je la donne à ceux à qui j'extirpe l'effroi dans le cœur !

Lorsque la peur revient cogner aux portes, c'est la foi qui répond et on ne trouve personne à la porte !

Ma présence sur terre construit la vie de plusieurs millions de gens par la puissance de celui dont je tiens ce mandat : Elohim !

J'impacte les personnes âgées, j'impacte les adultes, j'impacte les jeunes, j'impacte les enfants, j'impacte les nourrissons encore à la mamelle de leur mère !

J'impacte les foyers, j'impacte les enfants encore dans le sein de leur mère car mon déploiement est aussi infini que l'éternité de Dieu !

Je porte un nom d'impact dont l'histoire s'en souviendra à toujours !

Mon nom est clamé aussi haut que celui des héros de Dieu car je suis un héros de Dieu et j'ai sa caution !

Et toutes les générations bénissent Dieu d'avoir un jour dans son éternité rêvé de :(*Citer entièrement ton nom*) !

Au Dieu d'amour qui vit et règne dans les cieux de mon cœur, soit gloire, majesté, magnificence et seigneurie pour l'exaucement accordée à ma proclamation ! Merci, merci, merci...

Recueil de Proclamations Prophétiques et d'Adoration(RPPA)

Seigneur, touche-moi 3 fois!
Quand tu souhaites être pur et saint.

Cette proclamation participe de ta sainteté et lorsque tu veux sentir Dieu dans les trois Cieux qui te composent, à savoir le corps, l'âme et l'esprit.

Consigne : cf. proclamation n° 1.

Proclamation n°20

Dieu, tu vis en moi, dans le centre de mon cœur, au creux de mon esprit !

Je sais que tu m'écoutes et que tu m'entends mieux que je ne m'entends !

Tu entends ce que je dis avant que je l'ai dit parce que tu es à la source !

Parce que tu es à la source de moi !

Tu habites là où je commence !

Et avant que ma conscience ne reçoive ce qu'émet la source où je commence, toi qui réside à cet endroit tu le captes en premier !

C'est pourquoi je crois que tu es ici à l'heure même que je te parle !

Mon corps, mon âme et mon esprit sont des échelles qui conduisent à ton Royaume qui est situé à l'endroit où l'être que je suis commence car là où est Dieu, là aussi est son Royaume !

Seigneur, depuis les profondeurs de ton Ciel, je t'invoque !

Je veux que tu me touches du troisième Ciel où tu vis en passant par le second pour arriver au premier !

Touche-moi trois fois !

Touche mon corps pour qu'il t'adore par sa force, sa vigueur, sa disponibilité et sa santé parfaite !

Touche mon corps pour qu'il t'adore par sa pureté et sa sainteté !

Que mon corps soit le corps parfait et sans tâche du Christ !

Touche mon âme pour qu'elle te reste éternellement reconnaissante !

Qu'elle te chante des cantiques qui n'ont pas de fin, en souvenir de ton infinie bonté envers elle !

Qu'elle soit un centre d'alimentation de bonnes pensées, de bonnes émotions et de bons sentiments qui ramènent l'homme à Dieu !

Touche mon âme et marque là de ton sceau pour qu'elle prospère !

Touche mon esprit pour qu'il t'adore !

Touche-le pour qu'il te célèbre 72000 fois par jour !

Touche mon esprit pour qu'il te loue sans cesse dans l'assemblée de mon être, pour qu'il devienne une fontaine d'amour et pour qu'il ait la foi d'Abraham !

Touche mon esprit pour qu'il ressemble à ton Eprit et qu'ils deviennent tous deux un seul et même Esprit !

Touche-moi trois !

Touche le premier Ciel, mon corps, touche le second Ciel, mon âme et touche le troisième Ciel, mon esprit afin qu'ils soient tous les trois l'expression de ta présence dans ta résidence que je suis et que je reste !

Touche-moi trois fois !

Au Dieu d'amour qui vit et règne dans les cieux de mon cœur, soit gloire, majesté, magnificence et seigneurie pour l'exaucement accordée à ma proclamation ! Merci, merci, merci...

Recueil de Proclamations Prophétiques et d'Adoration(RPPA)

Je suis heureux en Dieu pour mon handicap!

Pour des personnes complexées par leur handicap. Mais qui doivent apprendre à vivre avec.

Sache que tant que tu ne t'acceptes pas personne ne t'acceptera. Tant que tu refuses d'accepter qui tu es personne ne t'accueillera dans son cœur car c'est d'abord à toi-même de t'accepter pour que le reste du monde t'accepte en suite. Sache que l'état de ton visage, et partant ton corps, dépend de la manière dont tu te sens à l'intérieur de toi. Autrement dit, sens-toi bien de l'intérieur et ton handicap deviendra une illusion. Car en te sentant bien, l'épanouissement prendra la principale place dans ta vie tandis que la tristesse qui ronge ton corps de sa bonne santé aura disparue (Proverbes17/22). Ne te refuse pas le bonheur à cause de la douleur. Il est vrai que tu as expérimenté ce que tu as expérimenté. Mais s'il te plait, nous t'en prions d'être heureux car la vie est plus précieuse que le handicap qui t'accable. Ne dépense donc plus ton énergie à la déverser dans cette difficulté, mais tourne-toi vers la vie et vie-la pleinement parce qu'elle est en même temps merveilleuse et courte (Psaumes 90/10).

Pour réussir ce programme, observe la consigne indiquée à la proclamation n°1.

Proclamation n°21

Dieu m'aime et son amour pour moi est infini !

Mon handicap est un atout pour mon bonheur !

Mon handicap est une bénédiction et Dieu exprime sa gloire dans ma vie au travers d'elle !

Grâce à mon handicap, je suis dynamique, créatif et chalengé !

Je ne suis pas un fardeau pour les autres, je suis une faveur de Dieu pour ceux qui rentre en contact avec moi !

Mon handicap me grandit, m'ouvre des portes jadis fermées, et je suis pleinement heureux !

Je ne laisserai jamais les pensées de complexités me hanter pour que je ne vive pas ma bénédiction car ma vie est une bénédiction !

Et je ne laisserai pas le luxe à aucune situation, ni à aucune personne, ni à quoique ce soit de me voler la joie d'être dans ce monde où Dieu a déversé une infinie de grâces à mon sujet !

Mon handicap est un signe qui atteste que Dieu m'aime !

Car cette épreuve est pour sa gloire et non pour ma mort !

Mon handicap est un signe pour les autres personnes handicapées qu'ils sont aussi capables de réussir dans la vie !

Mon handicap est un message à toute la terre que Dieu ne regarde pas à ce qui manque à une personne, mais au potentiel infini qui est en chacun d'entre nous !

Mon handicap n'est donc rien de fatidique !

Mon handicap n'est pas grave, il est bien !

Je l'accepte de tout mon cœur et je m'accepte amoureusement comme je suis avec beaucoup de joie en Dieu car je vie !

Désormais, je me regarderai avec amour, joie et respect sans complexe !

Car je suis bien dans ce que je suis et j'exprime le bien dans ce que je suis !

Je suis une créature parfaite et mon handicap est une bénédiction de Dieu !

Je suis heureux et content de moi et je m'accepte sans résignation !

Que je sois myope ou aveugle, que je marche à quatre pattes, que l'on me porte sur les mains pour que j'aille où je veux aller, que je sois extro pied ou manchot, ou que ma peau soit brulée par le feu, que j'ai tout ce que je peux avoir comme handicap, je m'accepte et je suis amoureux de moi-même tel que je suis !

Je, refuse d'être amère envers Dieu !

Je refuse d'être amère envers la vie !

Je refuse d'être amère envers les gens !

Recueil de Proclamations Prophétiques et d'Adoration(RPPA)

Je choisis plutôt de célébrer cette vie et d'en tirer les merveilles que Dieu y a déposées pour moi personnellement !

Au Dieu de ma joie, de mon bonheur, de mon salut et de ma plénitude soit toutes les bénédictions qui proviennent du Ciel de mon cœur dès ce jour, jusqu'à la consommation des siècles éternels pour l'exaucement parfait de ma proclamation. Merci, merci, merci…

J'ai une bonne image de moi!

Pour des personnes qui se sous-estiment et qui ont une vision médiocre d'elle-même.

Cette proclamation doit faire office de tasse de thé du matin et de bol de lait du soir. Car à force de proclamation, tu commenceras à assister à ton propre changement et à ton propre ré-ossement d'estime. Tu commenceras à te regarder avec intérêt et à aller de l'avant car c'est l'image que tu as de toi qui change ta condition et le regard des gens sur toi. C'est pourquoi Paul écrivait à Timothée et lui demandait de n'être méprisé par personne, mais qu'il se comporte comme un sage. En effet, Paul voulait que Timothée, malgré son jeune âge, ait une bonne image de lui-même, et qu'il le traduise dans ses actes, sa conduite, sa foi, ses sentiments et son vécu pour faire asseoir son leadership et pour connaitre le succès dans son ministère (1 Timothée 4/12). Ta réussite, tient à l'image que tu as de toi.

Consigne : cf. proclamation n°1

Proclamation n°22

J'ai une bonne image de moi-même !

Je me regarde exactement comme Dieu me regarde !

Je considère ma propre personne et je ne me dénigre pas !

Je m'estime et je me respect et je sais que j'ai du potentiel en moi pour réussir dans la vie !

Mon âge n'est pas un obstacle à mon avancement !

Mon sexe n'est pas un frein à mon progrès !

Ma couleur de peau n'est pas une limitation à mon déploiement dans la vie !

Au contraire, j'ai une bonne nature et tout ce qui constitue qui je suis est bien !

Je refuse de me sous-évaluer car je sais que je suis une créature merveilleuse !

Recueil de Proclamations Prophétiques et d'Adoration (RPPA)

Je refuse d'avoir de moi-même une opinion dégradé !

Car c'est ce que je me donne que les gens me donneront et c'est ce que je pense de moi que les gens penseront de moi !

Je me donne le respect et j'ai une bonne image de moi !

Je refuse de me regarder comme une personne qui ne vaut rien car je sais que j'ai du prix aux yeux de Dieu et le rachat de mon âme avait demandé la mort de Dieu dans la chair du Christ !

J'ai une valeur inouïe et j'ai une place sensible dans le cœur de Dieu !

Chaque jour, je vaux un peu plus cher que le jour d'avant car mon importance s'accroit au fils des jours !

Je suis donc une créature importante !

Je vaux au-delà de toutes les valeurs !

Je ne laisserai plus personne m'accorder une valeur qui ne corresponde pas au chef-d'œuvre que je suis !

Je déclare que moi (*dire ton nom*), je suis une créature merveilleuse !

Je suis une créature peu inférieur à Dieu qui ma pensée comme il est lui-même !

Je suis une création réussie et parfaite, c'est pourquoi Dieu s'est réjouit lorsqu'il me sortait du laboratoire de création divine !

Je suis la créature pour laquelle Dieu reçoit le prix nobel du plus grand créateur !

Car je suis la meilleure marque des vases de sa collection et il me distingue du reste !

Je suis original et extraordinaire !

Je suis le seul modèle qui soit comme moi !

Je suis unique comme Dieu est unique !

Et ma valeur est au-delà de toute imagination !

Au Dieu de ma joie parfaite, de mon bonheur, de mon salut et de ma plénitude soit toutes les bénédictions qui proviennent du Ciel de mon cœur dès ce jour, jusqu'à la consommation des siècles éternels pour l'exaucement parfait de ma proclamation. Merci, merci, merci…

Recueil de Proclamations Prophétiques et d'Adoration(RPPA)

Je les taille en pièces!

Pour contrecarré tout attaque et pour se mettre en sécurité de tout esprit malveillant.

Le pouvoir est dans les mots. Ce sont les mots que tu confesses qui te condamne ou qui te justifient (Esaïe 43/26). Les paroles de ta bouche sont une épée tenue d'exécuter un mandat : celui pour lequel elles sont libérées (Esaïe 49/2 ; Apocalypse 2/16). Pour donc contrecarrer une situation d'attaque satanique et pour vaincre l'oppresseur, prend la parole, elle est toute puissante et c'est en elle qu'il ya l'Esprit du Salut de Dieu (Ephésiens 6/17).

***Fais cette proclamation avec Foi, Rage, Puissance et avec une Violence dans la voix ! Ne caresse pas l'enfer, brutalise-le !!! Faire cette prière à 24 heures et à 4 heures du matin est fortement recommandé car c'est la période où les esprits du mal se déploient dans la sphère pour rendre la vie des gens invivables (Luc 22/53).

Consigne :

- Confesse ton péché de tout ton cœur. Car si tu combats le mal étant toi-même reprochable, tu pourras être atteint par ta propre proclamation parce que tu ne peux pas combattre ton propre maître ni attaquer le royaume auquel tu appartiens au quel cas, tu seras foudroyé.
- Adore et invoque le Saint-Esprit. Il y a une puissance phénoménale dans l'adoration. Adore et………..Proclame !

Proclamation n°23

Je proclame que Dieu m'aime et qu'il est ma haute retraite et mon bouclier !

Je proclame que je suis investi de l'autorité divine pour vaincre tout esprit rebel !

Aujourd'hui est un jour de restitution de mes droits !

J'enchaine tout l'enfer réuni en cette heure au pied de la croix du Christ !

Et je le brule par le sang da l'agneau qui l'a vaincu !

Par la toute puissance de Jéhovah Nissi en moi, je conquière des territoires et je taille tous mes ennemis en pièce !

Toutes les nations des ténèbres qui m'environnent, au nom de l'Eternel, je vous taille en pièce !

Tous les ennemis de ma destinée qui m'entourent et m'enveloppent, au nom de l'Eternel je vous taille en pièce

Toutes les forces infernales qui m'environnent comme des abeilles pour dévorer le plan parfait de Dieu pour ma vie, au nom de l'Eternel je vous taille en pièce !

Toutes forces sataniques qui me poussaient pour me faire tomber assistent à mon élévation !

La droite de l'Eternel manifeste sa puissance et l'enfer est couvert de honte !

Dieu libère en ma faveur, le ministère des anges qui m'entourent comme les montagnes ceinturent Jérusalem !

Michel archange et toute l'armée des cieux sont ma garde rapprochée !

Toute flèche de l'ennemi envoyé contre moi retourne à lui et l'atteint !

Feux de Dieu manifeste toi !

Michel archange manifeste toi avec ton armée et tue ceux qui veulent me tuer !

Extermine la génération qui en veut à ma vie, qu'elle disparaisse maintenant même au nom puissant de Jésus de Nazareth !

Toi, esprit incube et succube, comment as-tu osez me toucher ? Ne sais-tu pas que je suis la maison de l'Esprit de Dieu ? J'ordonne au feu de Dieu de te bruler !

Je te commande de descendre dans la géhenne et d'y rester pour toujours !

Aujourd'hui, la peur et le danger ont changé de can !

Tous les ennemis de mon âme qui sont venu en ordre rangé pour me nuire prennent la fuite en ordre dispersé et affolé !

Aujourd'hui, je suis un réel danger pour l'enfer et j'écrase sous mon talon tout esprit malsain qui rentre en contact avec moi !

Recueil de Proclamations Prophétiques et d'Adoration (RPPA)

Celui qui habite en moi est bien plus puissant que celui qui est dans le monde !

Je commande au mal de disparaitre de ma vie !

J'ordonne au démon de la paresse, de la fatigue, de l'échec de dégager de mon chemin !

Je maudit la malédiction qui me retenait captif depuis sa racine jusqu'à son feuillage !

Je suis intouchable, je suis immaraboutable, je suis infétichable, je suis inngangamable !

Je proclame la mort de quiconque voudra me toucher malsainnement !

Je suis la propriété de Dieu et personne ne peut mettre la main sur moi !

C'est pourquoi tous ceux qui me tendent des pièges y tombent eux-mêmes et n'en ressortent plus !

Tout mauvais vent envoyé contre moi échoue aux portes de la bouche de qui le libère !

Je proclame que le diable se met en retrait et se cache dans ma présence pour sa propre sécurité !

Je suis celui que l'enfer ne voulait pas voir venir à la vie, mais je suis là !

Aujourd'hui la peur change de camp car c'est une nouvelle ère !

C'est l'ère où les fils de Dieu repi endent la gloire de Dieu au détriment de celle de l'enfer qui s'émiette !

C'est pourquoi tout poison préparé contre moi atteint son initiateur et le tue !

Mon corps est une flemme, mon âme est une flemme, mon esprit est une flemme et je réduis en cendre tout ce qui se lève contre moi !

Dieu est mon rochet et je taille toute adversité en pièce par la puissance infinie du Dieu de ma victoire qui opère et vit dans les Cieux de mon cœur aux siècles immortels et éternels !

A lui seul soient puissance, gloire, autorité et magnificence pour l'exaucement de ma proclamation. Merci ; merci, merci...

Bonus pour la protection spirituelle.

Dieu m'aime et ne me laisse seul !

Il est toujours à mes côtés et me protège des méchants de la terre !

Dieu est mon bouclier !

Quand une flèche vole contre moi, c'est lui qui la stoppe !

Il me cache dans le sein de son amour tandis que mes ennemis me cherchent dans le sein de la peur et du mal où ils ne peuvent me trouver !

L'ombre de Dieu me couvre et me rend invisible aux yeux de mes ennemis !

Quand ils viennent pour me chercher, c'est l'ombre de Dieu qu'ils trouvent !

Quand ils viennent frapper à la porte, c'est Michel archange qui répond ! Quand ils viennent en ordre rangé pour semer la mort, c'est l'armée des cieux qu'ils trouvent !

Quand ils creusent des fosses, les anges de Dieu me portent sur leurs mains pendant qu'ils descendent eux-mêmes dans les profondeurs de leurs propres abîmes !

Mon cœur est calme, mon âme est tranquille et j'assiste à l'extermination des ennemis de ma vie !

Je suis étincelant de gloire divine et cette lumière démasque les forces des ténèbres et les taille en pièce !

Le sang du Christ est mon eau car c'est elle qui étanche ma soif !

Le corps du Christ est mon repas car c'est lui qui rassasie mon ventre !

Avec le sang du Christ qui bout dans mes vaines et le corps du Christ qui est mon corps renouvelé, je suis un gladiateur du Royaume des Cieux et je marche sur les cadavres de l'enfer, la croix du Christ comme l'épée de ma victoire, et j'entends le Ciel qui m'acclame pendant que le diable s'agenouille au devant de ma face !

Je suis en sécurité car je suis plus que vainqueur par celui qui m'a aimé. Jésus-Christ, homme !

Merci, merci, merci…

Recueil de Proclamations Prophétiques et d'Adoration(RPPA)

J'ai une langue exercée!

Pour avoir une langue facile et pour être convaincant.

Cette proclamation te permet d'avoir une langue convaincante et de retenir l'attention de l'auditoire lorsque tu as la parole. Nous te conseillons de convoquer ta foi et ton émotion lorsque tu exécutes cette proclamation. La pratiquer plusieurs fois à la veille et au matin du jour où tu dois t'exprimer devant une foule ou une assemblée.

Consigne : cf. proclamation n°1

N.B : Après la proclamation, ferme à nouveau les yeux et vis le succès de ta prise de parole. Visualise uniquement la fin. Sois joyeux et attends-toi à réussir.

Proclamation n°24

Je suis comme Dieu, c'est pourquoi ma bouche est précieuse !

Ma bouche crée ce qui n'existe pas !

Les paroles qui sortent de ma bouche sont puissantes et elles pénètrent les profondeurs des cœurs de tous ceux qui m'écoutent !

Les paroles qui sortent de ma bouche changent les cœurs de pierre en cœurs de chair !

Ma bouche est une mine de paroles vraies et elle tient en haleine, l'auditoire !

Ma bouche est une épée !

Les paroles que je libère de ma bouche sont des flèches et nul ne reste indifférent lorsque je prends la parole !

Tous les cœurs sont inclinés en ma faveur !

L'Eprit de Dieu en moi convainc de multitude de foules !

Les gens m'acclament debout les yeux pleins de larmes !

Je touche la sensibilité de tous à mon passage !

Car ma langue est vaccinée du feu du Saint-Esprit !

Personne ne quitte ma présence étant encore le même !

Tous ceux qui sont dans ma présence s'en retournent transformés !

Même les fœtus tressaillent dans le sein de leurs mères lorsque j'ai la parole !

Les démons se tiennent au silence et l'enfer se disperse quand je parle !

Ils tombent à genoux et se bouchent les oreilles parce que les paroles que je libère sont des sifflements mortels pour le royaume des ténèbres !

J'ai les cœurs des Hommes entre mes mains quand je parle car ma bouche a la caution du Ciel !

Je suis un orateur incontesté à la gloire de Dieu qui vit en moi !

Je parle bien et j'attire un nombre infini de personne à moi !

Car j'ai une langue exercée !

Au Dieu de ma joie parfaite, de mon bonheur, de mon salut et de ma plénitude soit toutes les bénédictions qui proviennent du Ciel de mon cœur dès ce jour, jusqu'à la consommation des siècles éternels pour l'exaucement parfait de ma proclamation. Merci, merci, merci…Amen !

Recueil de Proclamations Prophétiques et d'Adoration(RPPA)

A toi qui a lu et pratiqué tout ce qui t'a été indiqué dans ce « RePPA », nous te souhaitons bonheur, joie, paix, réussite et gloire car ce programme requière de la discipline. Il nous a été inspiré par Dieu pour t'amener aux résultats les plus voulus de ton cœur et de celui de Dieu à ton sujet. Il est alors juste et parfait que tu demeures à présent dans l'attente joyeuse de la manifestation de Dieu dans ta vie.

Aussi, nous te conseillons, au sortir d'ici d'être persévèrent et de ne plus attendre que la vie vienne à toi. Car c'est à toi d'aller vers elle, et si elle se montre rude, soit aussi rude envers elle et dompte là par le pouvoir qui est en toi et que tu as reçu de Dieu de dominer sur toutes situation, quel qu'elle soit, de ce monde (Genèse 1/26). Le bonheur est possible et il est entre tes mains. Prends-en conscience et vis-le pleinement !

Toutefois, face aux difficultés de la vie, s'il t'arrive de vouloir pleurer, pleure ! Ne te retiens pas, pleure ! Vas-y, libère-toi. Après cela, lève-toi et affronte la vie car tu n'es pas venu dans ce monde ni pour subir cette vie, ni pour accompagner qui que se soit ou pour être un figurant. Tu es né pour être aux premières loges de la gloire ! Tu es né pour régner et gouverner. Lève-toi donc, prend courage et agis (Esdras 10/4, Josué 1/9) ! Prends la plume, et commence la rédaction de ton histoire. Ca va aller, Dieu va aider ! Sur ce, nous te souhaitons de vivre le rêve que Dieu rêve à travers toi car c'est le rêve de Dieu, si ce rêve est grand. Et, rendez-vous au sommet de la pyramide dans la présence de Celui qui nous a tous suscité à la gloire de son nom. Amen !

Just-Oliver ATSAM ELLA

Homme d'Impact et de Puissance

Prédicateur de Dieu pour la Liberté

Du Genre Humain

Oui, je veux morebooks!

i want morebooks!

Buy your books fast and straightforward online - at one of the world's fastest growing online book stores! Environmentally sound due to Print-on-Demand technologies.

Buy your books online at
www.get-morebooks.com

Achetez vos livres en ligne, vite et bien, sur l'une des librairies en ligne les plus performantes au monde!
En protégeant nos ressources et notre environnement grâce à l'impression à la demande.

La librairie en ligne pour acheter plus vite
www.morebooks.fr

OmniScriptum Marketing DEU GmbH
Heinrich-Böcking-Str. 6-8
D - 66121 Saarbrücken
Telefax: +49 681 93 81 567-9

info@omniscriptum.de
www.omniscriptum.de

www.ingramcontent.com/pod-product-compliance
Lightning Source LLC
Chambersburg PA
CBHW031243160426
43195CB00009BA/580